出島二郎

家業という文化装置

金沢で考えること視えること

美学出版

家業という文化装置

金沢で考えること視えること

はじめに

家業とは何か？　困ったときは「広辞苑」である。中小企業とは？　さらに零細企業とは？　これも「広辞苑」を開くと簡単に説明がつく。もっと詳しく知りたい方は「中小企業白書」を読むといい。実際、私もそれを参考にしているのだが、一応の定義としてであって、本質的に企業を大・中・小・零で区分することに関心がないのである。

二〇一七年版「中小企業白書」によれば、日本の企業の九九パーセントは中小企業であり、その従業員数は約七〇パーセントとして、大企業と比較して何かを語ることに意味があるとは思えないのである。とりわけ零細企業という存在に、きわめて重要な位置を認めたい者としては、各種のデータは、文字通り、参考程度にしかならない。

そういうわけで、本書では、家業の定義もしないまま書いている。すべて中小零細に区分される六社に登場してもらったが、それぞれの領域において堂々たる事業体であり、経営組織である。従業員が数人から数百人の規模であり、そこから生まれる商品やサービスは、いわゆる大企業と単純に比較しても仕方なく、独自の存在理由こそが注目すべきことであろう。

少なくとも、金沢でマーケティング戦略を生業としてきた私自身には、そのことが最大の主題であった。彼らとの共同研究を通して、その期間の長短、深浅はあるにしても、家業から数多くのことを学習してきたのである。その一端を本書で紹介してみたい。

なお、取材の時期によって、会長・社長の交替と重なる家業もあったため、表記は二〇一八年三月二十五日現在で統一することにした。

家業という文化装置　金沢で考えること視えること◎目次

第一章　佃食品・佃煮から多様な展開

佃食品株式会社
佃煮・惣菜などの製造販売
代表取締役社長　佃　一志
創業一九四六年（昭和二十一）・設立一九六五年（昭和四十）・資本金九二〇〇万円・従業員数一二八名
〒九二〇—三一二二　金沢市大場町東八二八
電話　〇七六—二五八—五五四五
www.tukudani.co.jp

加賀の白峰（はくほう）

河北潟の味

河北潟の渚に建つ小家で育ったから、フナ、コイ、ワカサギ、エビ、ウナギ、シジミなどは馴染みの味だった。今、考えると、佃食品の佃一成さんとの出会いは河北潟にあったのかもしれないと思う。久しぶりに新しくなった佃食品の大場の本社工場を訪ねて、佃さんの力のある言葉を聞く機会に恵まれた。

私の故郷・内灘町は大場工場の対岸である。いくじのない少年で、絵を描くか、潟での釣りをするか、一人ぼっちの時間が多くあった。佃さんは七十八歳だから、同世代といってもよい年齢だが、覇気がちがう。家業を背負う経営者には、風景としての河北潟ではなく、重要な素材を提供する場所であった。汽水湖である河北潟には、スズキやボラなど日本海の魚も獲れたけれど、佃煮にはゴリやフナが中心であったのはいうまでもない。

佃　一成（つくだ　いちなり）
一九四〇年金沢市生まれ。金沢大学法文学部経済学科卒業後、家業の佃佐吉商店入社。一九六五年に佃食品専務、一九七四年に社長、二〇一七年に会長。現在、石川県食品協会会長、金沢商工会議所常議員、協同組合加賀能登のれん会名誉会長、北陸地域米粉利用推進連絡協議会会長などを務める。

河北潟（かほくがた）
金沢市の北部にある潟湖。内灘砂丘によって日本海とへだてられる海跡湖。面積四・二㎢、周囲二四・八㎞、最大水深四・八ｍ。かつては日本海に平行して大きく延びていたが、河川による堆積が激しく、また江戸時代から新田開発の対象になり、埋立て事業も行われた。一九六三年から日本海への放水路を開くなど農地造成が行われて湖面は縮小した。大野川河口には掘込みの金沢港が建設された。

一九七二年（昭和四十七）、大場に来たのは河北潟があったからなんですよ。ゴリとかフナとか、エビやワカサギを佃煮にするために来たんです。だけど、一九六三年（昭和三十八）から始まった干拓事業で、ゼロです。そのゼロが意外にプラスになって、原料がなくなったから全国へ探しに行くと、いいものがたくさんあってね。それで生産量が上がった。だから、マイナスがプラスになることはいっぱいある。ゴリは滋賀とか青森とか、クルミも石川にはほとんどないから長野とかね。お客さんは「県内ですか、県外ですか」と産地をものすごく気にする時代だけど、安全が確認できれば、国内でも海外でもいいと言っているんです。その代わり技術が大事です。ゴリも他の会社に炊かせたらダメだから、生でこっちへ持ってきて炊いている。

佃さんらしい勢いのあるキーワードが飛び出してくる。「マイナスをプラスに」。私ならば計画の失敗に自滅するところだが、佃さんは、それをバネに新しい原料探しの調査の旅に出る。たしかに南から北まで、日本列島を歩くことは、商品開発の基本であろう。モノに出会うことはヒトに出会うことだからである。「地図」は「知図」と思う。

佃さんのその旅は、私の流儀でいえば「風土の大学」なのだ。そして、入手したモノを納得のいくまま届けてくれる物流革命が進行する。発泡スチロールや冷蔵便などの発達は、業務用に限らず、一般の日常生活の豊かさを保障している。ときには、「ここまでするのか」と思うほどである。

さて、もう一度、「マイナスをプラスに」というところへ戻ってみる。そんなことがあったのかと思う裏話をしてくれる佃さんの、生真面目さが好きだ。


地元の大和デパートと取引したことがあるんですけど、そこの担当者とケンカになって、十年間、干されました。今はまたつきあっていますけど。その十年があったおかげで、名古屋の三越とか、京都の大丸とかのデパートとのつきあいが増えたから、結局、いっしょなんです。干されたことによって、逆に頑張らんなんと。一店舗なくなったけれど、三、四店舗増えたんですから。それに、三〇〇〇万円、四〇〇〇万円、倒産にひっかかったこともあるからね。世の中は順風満帆ではないわね。だけど、そのことがまたプラスになることもあるんです。

懐かしい言葉が出た。「ケンカ」である。私の佃さんとの出会いもケンカで始まったのである。その思い出を書いていくとキリがない。お互いの性分としかいいようがないし、それによって、より信頼が深まる関係もあるということでケリをつけよう。ただし、いったい「出会いとは何か？」という問題は残る。必ずしも経営者に限ったことではないが、誰に出会うかによって、その後の命運が決まるということもあるのだ。

二人の恩師

佃さんには重要な出会いがあった。事業にも直結するけれど、生涯の恩師というべき人たちである。私もその二人の方の高名は知っていたし、その言説に触れる機会もあったはずだが、すれちがってしまった。

そのころは、売れないタウン誌の創刊編集長として悪戦苦闘していて、郷土の歴史家・浅香年木先生の著作に夢中になっていた。月に一、二回はご自宅で石川の歴史と風土の講義を受け、県内を歩き回っていたのだ。それがやがて、「フードピア金沢」というキーワードにつながっていくのだが。

私の人生の師の一人が環境経済学の宮本憲一先生で、金沢大学の集中講義か何かで聞いたんですが、地域をよくしなかったら、その企業はありえないと。とくに食べ物屋は、いくら美味しいお菓子をつくっていても、隣りにゴミ捨て場があったら、美味しく感じないと。その言葉は一生忘れないし、環境をよくするために、私はずっとまちづくりをやっているんですよ。宮本先生が言ったのは、四日市の問題でした。あんな水質汚染や大気汚染の町に、幸せがあるはずがないと、公害問題を取り上げたんです。それで、これはすばらしい先生だと。

佃さんのもう一人の師は、食品業界に関係する磯部晶策先生である。

浅香年木（あさか としき）
一九三四〜一九八七年。金沢市生まれ。歴史学者、文学博士。日本古代・中世の手工業史と北陸地域史研究を専門とした。著書に『日本古代手工業史の研究』『古代地域史の研究』『治承・寿永の内乱論序説』『北陸の風土と歴史』『中世北陸の社会と信仰』など。

フードピア金沢
「金沢風土研究会」の活動を基に、金沢を食祭都市としてイベント化したもの。一九八五年の秋から三回の実験祭をスタートし、一九八九年から本祭りとして現在に至っている。ただし、出島二郎と福光松太郎によるプロデュース体制は一九九二年まで。

宮本憲一（みやもと けんいち）
一九三〇年生まれ。石川県河北郡津幡町出身。経済学者。第四高等学校、名古屋大学経済学部卒業。金沢大学、大阪市立大学、立命館大学を経て、二〇〇一〜二〇〇四年まで滋賀県立大学長を務める。四日市や水俣の実体調査を行うなど、公害・都市問題に取り組む。大著『戦後日本公害史論』で二〇一六年に日本学士院賞受賞。

県内の食品メーカーには磯部先生にお世話になった方は多い。その活動の拠点は「良い食品を作る会」として知られるが、諸々の事情から内部分裂が生じた。しかし、現在でもそれぞれの活動は続いており、「安心・安全第一」の思想は、食品業界の流れを変えたといってよい。

現在の佃食品には七つのキーワードがある。佃さんが先師たちから学んだことも含めて、経営活動の基盤としている言葉である。私はここに、伝統的な食品業界における新しい家業のあり方をみる。

① 無添加佃煮・無添加商品
② 価格競争より品質競争
③ 製造から販売まで一貫システム
④ HACCP対応
⑤ 守り伝える職人の技
⑥ フード・アーティストカンパニー
⑦ 原料の厳選と味の追求

四日市公害
四日市市沿岸部のコンビナート企業の工場から出る排水や硫黄酸化物などの混じった煙で、一九五〇年代後半から水質汚染や大気汚染が発生。ぜんそく患者が多発し計二二一六人の公害認定患者が出た。一九六七年に患者九人が企業六社を相手に損害賠償を求める裁判を起こし、一九七二年、企業側の責任を認め、損害賠償を命じる判決が出た。

磯部晶策（いそべ しょうさく）
一九二六～二〇一六年。食品と貿易に関するコンサルタント。一九五〇年代後半から食品品質の劣化、伝統の断絶、食文化の荒廃を憂い、新聞雑誌などに執筆。一九七〇年代から志ある生産者の指導に当たる一方、消費生活センター講習会、大学などの講師も務めた。「食の四条件」を提唱。主著は『食品を見わける』『世界の食べもの・時をこえる旅』『食品を複眼で見る』など。

良い食品を作る会
一九七五年、食品メーカー八社が磯部晶策の思想のもとに安全で美味しい食品を提供することを目的に結成。一九九二年には一五〇社の会員数となったが、一九九三年に解散。以後、「良い食品を作る会」「良い食品づくりの会」などに分かれて活動。

これらは、顧客によっては常識といえる時代に入っている。日常の食卓にこそ、格差社会のあり様が顕わになる。食品の高品質化は、当然、高価格化に帰結するからだが、健康第一を志向する顧客には、佃食品の七つのキーワードは受け入れられるものであろう。そして、常識といったけれど、この先の状況を考えると、さらに高度な次元に入っていくだろう。食品の原料をめぐる環境は、けっして明るくないからである。

復興の精神

私は佃さんが創業者だと思っていた。長いつきあいになるのに、会ったときからの思い込みというものは怖ろしいものだ。

佃食品の創業は一九四六年(昭和二十一)。父親が倒れて、佃さんが跡を継いだのは一九六二年(昭和三十七)。金沢大学を卒業して、少し他の会社で修業してからと思っていたのだが、そのまま二代目となる。

祖父と祖母は加賀友禅の商売をしていましたし、叔父さんが佃縫製をやっていたんです。父もしばらくその会社の役員をしていたんだけど、戦争から帰ってきたら、友禅の商売は灯が消える寸前になっていた。それで父は、「佃という名前だから佃煮屋をしたらどうや」という友人の冗談から、佃煮屋に転業したわけです。今は、その縫製会社もなくなって、考えてみたら、その方が良かった。それで、私はどっちかというと地元の伝統的な佃煮に力を入れてきた。他の人は、大衆佃煮で競争して、みんなダメになっていますね。フジッコやカネハツなど県外の大きな会社と競争したところは。

こうしてみると、佃食品は戦後を生きた家業の実相をよく表している。「衣から食」への転換、かつ「佃だから佃煮屋」へという話はおもしろいが、敗戦後の混乱の中での厳しい選択であったと思う。佃さんの世代の経営者をみていると、「復興の精神」というものを感じる。戦後七十余年。大転換期に揺れる日本人に求められるものは、そこに集約されるかもしれない。佃さんの言葉を続けよう。

フジッコ
神戸市に本社がある食品製造販売会社。惣菜・昆布製品・豆製品が主力商品。一九六〇年創業。二〇一七年三月の年商はグループで六〇八億円、従業員一一四七名。

カネハツ食品
名古屋市に本社がある食品製造販売会社。佃煮・煮豆・惣菜を主力とする。一九四二年創業。二〇一七年三月の年商は九十三億円、従業員数三四五名。

私らの時代は、敗戦を経験して、乗り越えるというかな、突出したパワーみたいなものがあった。今また、それが必要な時代に来ているね。やはり戦争を知っている世代は、アメリカに対して「ナニクソ」という思いがあるんですよ。岸信介首相のころ、私は安保反対運動をしていた方ですからね。いまだに、私はマルクスが六〇パーセントで、ケインズとかアダム・スミスも勉強したけれど。とにかくアメリカに敗けたらダメや、アメリカの属国になってはダメや、とかね。今の息子らにそんなもん、ないわね。

アメリカの話から、福光屋の会長・福光博さんのことへとなっていく。私も思わず、そのことに触れようとしたのだが、「福光博さんは、アメリカ大嫌い。当時の小泉純一郎首相や竹中平蔵氏を厳しく批判していた。私もそう思う」という佃さんである。

私の先輩の中では、福光博さんが石川県でトップやったね。品のある紳士、ちゃんとした考え方を持っているし、何でもスカッと言う。

安保闘争
一九五九年から翌年にかけて展開された日米安全保障条約の改定に反対する闘争。一九六〇年の自民党による強行採決後の六月には全国的な運動に発展、デモ隊が国会構内に突入し警官隊と衝突。岸信介内閣は条約の自然承認後七月に退陣した。また、一九七〇年の条約延長に対しても激しい反対運動が展開された。

福光　博（ふくみつ　ひろむ）
一九二四〜二〇〇四年。滋賀県彦根市生まれ。第四高等学校、京都大学農学部卒業後、福光屋に従事。一九四九年に社長、一九八五年に会長就任。金沢商工会議所副会頭、金沢経済同友会代表幹事、日本酒造組合中央会理事、石川県デザインセンター理事長などを歴任。藍綬褒章、勲四等瑞宝章受章。

私は大好きな人でした。で、福光さんは、石川県食品製造業厚生年金基金というのをつくったんです。そしてヤマト醤油味噌の山本勝美さんが二番目で、私が三番目の理事長ですけど、一時、七十億円ぐらいあった。国の金を五十億円くらい返して、十六億円ほど残したけれどね。とにかく福光博さんは、いつも哲学を言うんですね。

ヤマト醤油味噌
一九一一年創業の醤油・味噌などの製造販売会社。古くから漁業、海運業、醤油醸造業で栄えた金沢市大野町にある。

福光博さんの晩年、私はその言葉を収録するために、取材に入っていた。それは途中で挫折し、テープ原稿は事務所の書棚に眠ったままである。福光さんが急逝されたからだが、その原稿の中に、佃さんの評言と同じことが何度も出てくるのである。

県内の食品業界

佃食品の商品は、半分が一般の顧客へ、半分は業務用で、レストランや弁当屋やスーパーに卸している。私が佃さんと知り合ったころ、売上高は県内のトップクラスであったが、ほとんどが業務用で、「なんとしてもブランドをつくりたい」と力説されていた。
パッケージの中身は自社のモノであっても、ノーブランドでは社内に活気が生まれない。メーカーとしての誇りや自信が生まれないのである。私に与えられたことはブランディングに関するプロジェクトであったが、名実ともに、佃食品は佃煮の分野では県内のナンバーワンに成長したのである。

今は、一番手と二番手の差が大きくなってしまったんです。お酒でいうと、福正宗がナンバーワンで、次がなくなり、手取川とか天狗舞になってしまいますね。すべてがそんな感じです。きんつばはどこでもつくっているけれど、中田屋さんしかブランド力がない。加賀の伝統銘菓・柴舟も同じですが柴舟小出さんがトップで、麩も、宮田さんが頑張っているけどダントツは不室屋さんでしょ。ただ、近年は生き延びるためにといって、引くわけですね。縮小していくんです。O食品さんやN屋さんなど、いくつかの会社がありますね。その息子さんの存続戦略かもしれないけれど。

福正宗
一六二五年創業の福光屋の代表銘柄。地元石川県でナンバーワンのシェアを持つ。金沢市石引。第三章参照。

手取川
一八七〇年創業の吉田酒造店の代表銘柄。白山市安吉町。

天狗舞
一八二三年創業の車多酒造の代表銘柄。白山市坊丸町。

中田屋
一九三四年創業の菓子製造販売会社。きんつばで有名。金沢市元町。

柴舟小出
一九一七年創業の和菓子製造販売会社。生姜蜜を塗った「柴舟」や「三作せんべい」で有名。金沢市横川。

加賀麩司宮田
一八七五年創業の加賀麩製造販売会社。「宮田・鈴庵」で麩料理を楽しめる。金沢市東山。

加賀麩不室屋
一八六五年創業の加賀麩製造販売会社。金沢市かたつ。第二章参照。

佃さんのように、困難に直面したとき、さらに挑戦力を出していくという経営者には不信に思われる戦略である。「どっちが正しいという問題ではないかもしれませんが」と佃さんは言うけれど、佃さん自身にはありえない発想であろう。この状況をどうみるべきか。

「家業の継承と再生」をテーマとする私には、二つの戦略は成立すると思われる。それぞれの経営者にお会いして本意をうかがったわけではないが、若い世代における「事業の縮小」という発想は否定しきれない。ここに、現代の経営とは何か、という新しい問題がある。「事業の拡大」だけが唯一の回答ではない時代に入っていると思うからである。

事業設計の前に、生活設計がある。暮らし方の優先であり、これは評価すべきことである。「仕事一本」というライフスタイルへの疑問がある。私自身がそう感じているからだが、その上で、経営の次元では「人材の育成」がうまくいっていないという判断からであろう。商品の開発であれ、市場の創造であれ、それを担う人材に不安があれば、いやおうなく縮小せざるをえないのだ。そして、財務の健全なうちに、であろう。

商品開発の思想

かつて「金沢風土研究会」をいっしょに立ち上げたメンバーなので、佃さんの言葉には、私自身と重なることが多い。むろん、経営者としての実践力において、その言葉は保証され、さらに次へと確信的になっていくのだ。佃食品を核として、市場の変化に対応して、「壺屋・壷亭」などのショップ、さらに関連会社の「金沢錦」を展開する佃さんの商品開発の思想とは。

私はいつも会社では、「進化・新化・深化」と言っているんです。進めることも、新しいことも大事だけど、今までの大事なものを深掘りすること。チェンジも大事だけど、コロコロ、全部を変えてしまったらダメです。私は深掘りの深化に力を入れて、たとえば本来の佃煮とは何かとか、いいものは追求していく。周りを見ても、伝統的なものを深掘りしている会社は何とかなっている。浅田屋さん

金沢風土研究会
フードピア金沢の基礎研究のために、金沢の経営者六人で一九八四年に立ち上げたまちづくりの研究会。

浅田屋
一六五九年に江戸三度飛脚を創始、一八六七年に旅籠「浅田」を開業。以後、旅館・料亭・レストランを経営。金沢市十間町。第四章参照。

もホテル事業から撤退して、やはり料理屋に徹するようになった。福光屋さんもいろんなことをやってきたけれど、純米蔵宣言をして日本酒に力を入れるようになった。

佃さんらしい「新化」という二文字が入っているが、進化と深化は区分できないように思われる。ここは微妙な問題だが、売れる商品は二つの価値が一つになっていると思うのだ。あえて区分すれば、伝統的なもの、イコール古クサイもの、時代遅れのものという認識を否定するためであろう。進化すべきは何か、深化すべきは何か、という自問自答が繰り返し繰り返し、佃さんの中で続いているのだ。

それで、佃さんは深化より進化を開発の基本とする事例として、洋菓子の分野で挑戦している「ぶどうの木」をあげてくれた。和菓子の金沢という都市文化のイメージが定着した中でのぶどうの木は、チャレンジャーである。その事業の拡大戦略に注目したいが、私はきんつばの中田屋について、もう少し知りたいと思ったのである。

ぶどうの木
一九八二年、ティーガーデンぶどうの木開業。金沢市を中心に、洋菓子製造販売、レストランなどを多店舗展開。二〇一五年現在の従業員三二一名。金沢市岩出町。

亡くなったお父さんの中田龍一という人がすごかったね。石川県菓子工業組合の理事長をしていましたが。昔は大柴舟がメインだったんですけど、きんつばを研究して、東の芸妓さんたちが、中田屋のきんつばが美味しいと言い出したわけや。口コミのすごさや。今は、金沢百番街でも売上は一番か二番じゃないかな。話は脱線するけれど、芸妓さんというのは一つの貴重な文化ですよ。私は絵画・三味線・清元をやっていて、清元は三十五年になる。二ヶ月に一回ぐらい、東京から先生がおいでて、東の芸妓さんとみんなで稽古しているんです。国立劇場の舞台に三回ほど出ました。絵は四十年ほど前からかな。加賀友禅の毎田健治先生に就いて。

佃さんは、小中学校で音楽と図工が得意ではなかった。しかし、美味しいものをつくる商売をしているからには、感性を磨くことは不可欠な条件と考えたのである。その通りだ。そして、そのような環境があるところに、金沢の美味求真の土壌がしっかりしているのである。とまあ、ベタ褒めになってしまうけれど、現在の表現のレベルがどうであれ、金

金沢百番街
JR金沢駅高架下の商業施設として一九九一年にオープン、北陸新幹線開業に合わせてリニューアル。土産・食品・飲食の「あんと」、ファッションなどの「Rinto」があり、多彩な店舗が集積している。

毎田健治（まいだ けんじ）
加賀友禅作家。一九四〇年金沢市生まれ。金沢美術工芸大学日本画科卒業。日本工芸会正会員、石川県美術文化協会常任委員、加賀友禅文化協会代表理事。

沢は国内有数の芸能の都市であることはいうまでもない。
私は思い出す。生前、ある仕事でお会いした民俗学者の池田弥三郎先生は、慶應義塾大学を退職されてから、洗足学園魚津短期大学で教鞭をとられていたが、「金沢の東に来るのが楽しみでね」とおっしゃっていた。花街は、文字通り、「街の花」である。私は、そこに「地の花」として清酒をも加えることにしている。

企業は大きさではない。たとえば飴の俵屋さんですが、非常に価値がある。食品産業というのは、スケールだけで計れないものがある。石川県に来たら、美味しいものを食べて、美味しいものをお土産に持っていって、石川県の良さを堪能して帰ってもらえる。観光客にとっては、その町の食べ物は大きな魅力だから。それにもう一つは、食品産業は地域資源というか、地域の大事なものを深掘りしていく産業です。これを放ったらかしにして、なくなったら終わりですよ。マイナーなものを大事にして、地域のオリジナリティとして光を放つことだと思うね。

池田弥三郎（いけだやさぶろう）
一九一四〜一九七七年。国文学者・民俗学者・随筆家。慶應義塾大学文学部卒業。折口信夫に師事。慶応大学教授、洗足学園魚津短期大学教授を歴任。NHK解説委員、国語審議会委員等を務めた。紫綬褒章受章。

俵屋
一八三〇年創業。金沢でもっとも古い飴屋。米・大麦・水のみを原料とし、料理にも使われる。金沢市小橋町。

佃さんは、食品産業の重要性を各種のデータによって語る。ものづくり国家・日本における産業構造についての批判でもある。労働集約型であるがゆえに、製造出荷額で輪切りにできない経済効果があるということ。機械産業や電気産業との単純な比較はやめよ、ということでもある。

これはまた、私が経済界の重鎮を前にして力説していたことであり、フードピア金沢の理論の中に組み込まれていたのである。その一つとして、機械産業の中に食品に関連する企業が多いことを強調したのであった。豆腐製造機の高井製作所、ボトリングマシンの渋谷工業、回転寿司コンベアの石野製作所、調理プラントのアサヒ装設などを、私はユーザーからみて「食機」ととらえたのである。そして、石川県の基幹産業は食であると、大声をあげていた。

当時、「出島さん、町の小さなうどん屋、おでん屋より、石川県の産業には鉄工や建設や繊維があるじゃないか」というような言葉を出したのは、中西陽一県知事であった。本意は他にあったとしても、失言ではすまされない。中西さんを支持するがゆえに、はがゆく思ったのである。

高井製作所 一九一七年創業。日本で最初の豆腐・豆乳製造装置メーカーで、世界三十八ヶ国に輸出している。野々市市稲荷。

澁谷工業 一九三一年創業。ボトリングシステムの製造で国内トップシェア。他にメカトロニクス、再生医療、農業設備など、幅広い分野に展開。金沢市大豆田本町。

石野製作所 一九五九年創業。コンベア技術に自動給茶装置をドッキングさせた回転寿司コンベア機で日本の食文化に革命を興し、世界シェアの六〇%を獲得。金沢市増泉。

アサヒ装設 一九五三年創業。フライヤー、オーブン、パン粉付け機などの食品加工機械の製造販売。白山市宮永町。

中西陽一（なかにし よういち） 一九一七〜一九九四年。京都市出身。京都帝国大学卒業。内務省入省後、兵役。京都府労政課長、石川県総務部長、副知事等を経て、一九六三年石川県知事に初当選。全国最多選の八期目に入り、在職中に死去（三十年十一ヶ月）。

若者塾のこと

近年、続出している大企業の無残な姿を見ると、経営者の劣化ということを痛感する。日本企業の強みはものづくりにあるとはいうものの、企業風土を醸成する第一の条件は、人格に表象される経営者の思想にかかっている。むろん、大・中・小を問わずであり、家業レベルでは、とくに人材教育の教師は経営者であろう。

その方法論はそれぞれに創意工夫する必要があるにしろ、経営者が自ら教育者であることなのだと思う。その会社に魅力があることは、即、その経営者の魅力にほかならない。というところに家業の強みがあるとしたい。とすると、弱みもまた、そこにある。

いい人材を集めるにはエネルギーがいりますね。また、育てるにも。十五年ほど前から、入社してまもない人、あるいは三十五歳以下の人の「若者塾」をやっているんですよ。月に一回、昼食をともにしながら。磯部晶策先生の考え方や、七つのキーワード、行動指針などについてしゃべっている。そして、挨拶の仕方、笑顔のあり方、会社の歴史、調味料についての考え方など、テーマはいっぱいあります。やはり社員教育は大事です。それでも一人、二人、辞めていく人が出ると、頭にきてね。何のために私は一生懸命にしゃべっていたのかと。

佃さんの歯ぎしりする姿が目に見えるようだ。必死に社員を育てる気持ちが溢れている。にもかかわらず、失望や挫折を味わう。ここに教育の難しさがある。教える者は教えられる者、批判する者は批判される者だ。若い世代の離職率が社会問題になる時代である。その原因はどこにあるのか、と問うと頭が痛くなる。そのためにも、佃さんの「若者塾」が継続されることを期待したいし、一度、その教室の風景をのぞいてみたいと思うのだ。

かつての松下幸之助さんや土光敏夫さんなど立派な人たちのことを

思います。私はあんなに立派じゃないけど、経営者は、ある意味で哲学者というか、そのような感じじゃないとダメやと思うね。たとえばフジッコは昔、柳本という昆布屋から独立したんですが、今では売上が六〇〇億円や。だから、経営者の哲学ですよ。社員教育もいいんだろうし、みんなで一丸となって目標に向かってやれるんだろうね。私らの業界では、ダントツやね。そうかと思うと、四、五十年ほど前にトップだった帝国食品という会社は、今はないんですよ。東京の荒川に従業員が三〇〇〇人ぐらいの佃煮屋があったんです。どこかの会社のおにぎりか何かをつくって、それで失敗したんです。

私が佃さんと出会ったころ、フジッコの話が出たことをしっかり覚えている。というのも、佃煮の市場の規模をフジッコの売上高で計算し、佃煮には未来があるのだ、という信念を堂々と述べられたから、私は佃さんを信用したのであった。当時、佃煮の市場は五〇〇億円ほどで、フジッコは二〇〇億円だったと思う。フジッコは現在の商品とちがって、低価格商品であったと記憶しているのだが、そこに佃さんの挑戦は成立すると考えたのである。

どの業界にあっても、目標とする、軌範とするブランドがあることは好ましい。それが、わが社にとっての教師であろう。その意味で、「ライバルはパートナー」である。佃さんの商品開発の方針である「深掘り」ということも、そうした関係にあるブランドがテキストになっていく。ただし、現在は同業他社という狭い枠組みを離れてのことである。もはや異業種というものはないと考えるべきなのだ。

早い話、金沢の和菓子と麩と佃煮を並べると、その差異はどこにあるかと思うにちがいない。私には、佃食品のロングセラー「加賀の白峰」は、お菓子のように思える。そうした越境する商品が、当たり前になってくる。バリアフリー。まさに、さまざまな壁が乗り越えられていく。であれば、社員教育にも、もっともっと多様なカリキュラムが構成されるはずだ。私は、実に楽しい、実に興味深いと思っている。

家業は学校であり、劇場である。それが小劇場であるがゆえに、もっと濃密な教室や稽古場を構築できる。あえていえば、一人ひとりの演者である社員が、教師として浮上しなければならない。それも、舞台の表・

加賀の白峰
胡桃をかたどった最中の皮の中に、米飴で炊いた胡桃煮が入った佃煮。一九六五年の発売以来、佃食品の代表商品となっている。胡桃煮は、加賀の伝統食品で、お節や祭礼などの祝い膳にも使用する。

裏に関係なしである。

加賀能登のれん会

私は営業活動をしないので、与えられた仕事に失敗すれば、次はない。という不安定な状態で事務所を維持してきたが、佃さんは、自社以外の関連業界の仕事を紹介してくれたのである。それが「石川県食品協会」であり、「加賀能登のれん会」であった。

佃さんは食品協会の三代目の会長、のれん会の初代の理事長である。狭い事務所に本が山積みになり、大事な記録を管理することにルーズなため、二つの団体での自分の仕事の詳細については触れることができない。いずれも「コンセプト・ノート」のようなものであった。それでも、基本理念や商品憲章など自分のつくった言葉が気になるときがあり、「まだ使っていますよ」と佃さんに言われると、ありがたいと思うのだ。

石川県食品協会では、総会とか新年会には食品憲章を必ず読み上げ

石川県食品協会
一九八八年設立。市場開拓、産学官連携、環境対策、食品文化交流などを展開する。二〇一六年十二月現在、二七〇社が参加。

加賀能登のれん会
一九七七年に協同組合として設立。全国の百貨店や自治体の協力のもと、「物産展」という舞台を通して石川の文化を発信する。

て確認しています。で、デパートの物産展だけど、一社ではできないことを、団体だと対等にできる。それに石川県の特産品をＰＲする大事な仕事をしているわけや。観光や食品や工芸を伝えるツールというか。そこで儲かる、儲からないというよりも、開催地の新聞に何万部ものチラシを折り込みにして一週間やると、「金沢は、百万石はすごいな」と。北海道から九州まで、金沢の文化が知られているのも物産展が貢献しているんですよ。加賀能登のれん会のあとに「加賀能登物産銘品会」ができて、それに「石川県物産協会」という県の団体があって。現在の売上は、のれん会が六億円、銘品会が三億円、物産協会が三億円ぐらいかな。私の理事長時代は、経費も百貨店とフィフティ・フィフティ、ビジネスは半々やという考え方を貫きましたが、今はこっちが弱くなってね。

佃さんは三団体の盛時の売上高を示しながら、「デパートは売る力があるし、私らは作る力がある」と言う。たしかに私が参画したころは、加賀能登のれん会も急成長していた。デパートに販売力があった。つま

加賀能登特産銘品会
一九八八年に協同組合として設立。全国の百貨店の催事会場で加賀能登特産銘品を共同販売。組合員数三十六。

石川県物産協会
石川県の優れた観光資源をはじめ、伝統と文化に培われてきた工芸品や食品等の特産品の紹介宣伝・販路拡張を推進し、石川県の観光と産業の振興に寄与する。

り、デパート、スーパー、コンビニといった順に、ブランドの神話が効いていたのである。

周知のように、地方ではデパートの撤退が続く状況であり、首都圏の本店でさえ苦戦しているわけで、「IT＋流通」の革命が浸透するにつれ、デパートの凋落が著しくなっていく。「爆買い」の一時の商戦に右往左往する事態を見て、デパートの終焉を感じる人もいるであろう。とりわけ若い世代にとって、そこは「憧憬の商空間」ではなくなったのである。では、デパートは絶滅危惧種か。私はそう思わない。その再生物語は、これから始まるにちがいない。

物産展を中核事業とする三つの団体については、私は後継のリーダーにも問題があると思う。その意味で、外的環境の変化よりは、内的環境の弱体化がクローズアップされたにすぎないのではないか。

だが外的環境の変化に圧殺された会社もあった。加賀能登のれん会の加盟社であった漬物のU社であり、当時、私も経営者と親しくさせてもらっていた。

石川県食品協会
石川食品憲章

私たちは、石川県の自然・伝統・文化を保全・伝承するとともに、つねに時代の要請する新しい食文化の創造につとめるため、次のように基本理念を設定しました。

一、石川の豊かな素材を活かした商品づくり
一、石川の伝統の技と心を継承した商品づくり
一、石川の醸成された風味ある商品づくり
一、石川の風土に根づき安全健康な商品づくり
一、石川の食文化から創造された商品づくり

生産・流通・販売・その他、それぞれの領域で、さらにこれらの課題を深化・拡充し、名実ともに「食品王国いしかわ」の強固な基盤づくりをめざしてゆきます。

※二〇〇二年、「食品王国いしかわ」を商標登録

加賀能登のれん会
基本理念

「のれん会」は、会員企業の個性ある商品とサービスを通して、郷土石川の産業と文化の発展に寄与するものである。協同組合としての共通の理念と目標が、会員企業の成長を促進し、その成果を全会員が共有する企業集団を追求する。

「のれん会」は、加賀・能登に総称される石川県の産業と文化を継承し、時代の要請する新しい価値の創造に努力する企業集団である。商品は地域文化の象徴であり、結晶であるという視点から、つねに最良のサービスを追求する。

加賀能登のれん会憲章

会員アイデンティティ

①のれん会は、つねに「調和の精神」を大切にする。
②のれん会は、つねに「競争の精神」を大切にする。
③のれん会は、つねに「学習の精神」を大切にする。
④のれん会は、つねに「挑戦の精神」を大切にする。
⑤のれん会は、つねに「奉仕の精神」を大切にする。

顧客アイデンティティ

①のれん会は、つねに〈信用〉を大切にする企業集団である。
②のれん会は、つねに〈対話〉を大切にする企業集団である。
③のれん会は、つねに〈商品〉を大切にする企業集団である。
④のれん会は、つねに〈文化〉を大切にする企業集団である。
⑤のれん会は、つねに〈地域〉を大切にする企業集団である。

金沢の漬物屋は、四十萬谷さん以外は全部ダメになってしまったね。その理由は法律なんです。漬物屋さんだけは、原料を国産か外国産かを表示しなきゃならなくなった。たとえば中国産と書いたら売れないし、国産だけだとコストがかかるしね。そういう漬物の業界の弱さみたいなものがある。今は、金沢でも、スーパーに行くと愛知県の漬物屋さんが圧倒的ですね。これは、いずれ佃煮屋にも来る。だから今、「SWOT分析」というのをやっているんだけど。将来、原料を全部、原産地表示するとなったら、うちも半分以上は外国のものがあるから、それをどうするかと。

四十萬谷本舗
一八七五年創業。漬物・味噌・醤油・佃煮の製造販売。「金城漬」「かぶら寿し」で有名。二〇〇九年、自社農園「しじまやファーム」を開園。金沢市弥生。

SWOT分析
内部環境や外部環境を強み(Strengths)、弱み(Weaknesses)、機会(Opportunities)、脅威(Threats)の四つのカテゴリーで要因分析を行い、戦略へとつなげるマーケティングの手法。

グローバル化の波は、家業の経営者にも、次から次へと新しい問題の解決を迫ってくる。原料の国産至上主義は限界に来ている。「地産地消」がうたわれるが、生産規模によっては外国産を使わざるをえないのだ。もとより国産がすべていいわけではない。

食品の変化は烈しい。その一例は、私が佃さんに出会ったころ、フナの佃煮は一年間に三〇〇トンもつくっていたのに、現在は一トンという。

その代わり、新しい食材が注目される。しかも、それらは海外から入ってくる。日本産ではまかないきれないこともあるが、新しい食材を求めてのグローバリズムはこれからさらに勢いを増していくであろう。

日本人のライフスタイルが変わって、フナをお節料理に使う文化がなくなってしまった。そのおかげで、ちがうものが出てきた。たとえば佃煮を最中のお茶漬けにしたりとか、工夫するわね。原料も、コウナゴとかギンポというチリメンに近い魚。日本でも獲れるけれど、意外に南シナ海で獲れるね。それも天然物だから、韓国とか中国から買っている。クルミも、アメリカや中国から。だから、ポストハーベストのチェックをする。農薬や防腐剤を使ったりしていないかを。むろん、日本のクルミも買えるだけ買っていますけど、二〇パーセントぐらいだね。もともとクルミの原産地は古代ペルシャといわれ、中国を通って日本に伝わったから「胡の桃」というように。

佃さんは、アメリカ産の洋クルミと日本産クルミのちがいについても話してくれたが、さまざまな食材について勉強できる職場なのだ。私は何冊もの「食材図鑑」を持っているけれど、現地に出かけ、植生の現場を熟知する佃さんの言葉には迫力がある。

日常の食品のあり様から、世界の動向が視えてくる。日々の消費者の生活意識の変容が視えてくる。モノもミセも、「とことん感動を与えられるものにしなければね」と佃さんは言われるが、それは「とことん社員の教育をしなければならない」につながっているのだ。結局、ブランドとは何か。暖簾とは何か。という、古くて新しい命題にぶちあたってくる。

わが町批判

佃さんの取材に用意したメモは、佃食品のこと、食品業界のこと、金沢のまちのことなど、広い範囲にわたっていた。佃さんだから、「公と私」のこと、「マチとミセ」のことについて言及されるにちがいないと思っていた。案の定、さまざまな問題について、佃さんらしい真正直な言葉が流れるように出てきた。少年である。青年である。この声の清澄さはすばらしい。

どのまちでも同じことであろうが、「わが町批判」ほど至難なことはない。そもそも批判と非難が混同される。したがって議論が成立しないのである。ともあれ、佃さんの問題提起を列挙してみる。個々の提言、批判に共振しながら、その実現の難しさを思わざるをえないけれど、絶望するわけにはいかない。都市は変貌する。それが常態であれば、希望もまた生まれるのだ。

学都金沢——学都とはいうものの学生がまちの真ん中に入れるようになっていないんですよ。

限界都市——私の町内でも六十五歳以上の人が八割。もっと都心でいろんな人が住めるようにしなければ。

近江町市場——観光客が押しかけて、金沢市民は買いづらくなっている状況はおかしい。市民の台所じゃなくなっている。

料亭文化——料理屋さんが落ち込んでいる。芸妓さんも大事だけど、

近江町市場
始まりは一七二一年。以来、金沢の食文化を支える「市民の台所」として親しまれてきた。約一八〇の店舗がある。北陸新幹線開業以後は、観光客が急増し問題も指摘されている。

もっと大事なのが料亭文化ですよ。
交通形態――身体の不自由な人、乳母車の人、車椅子の人も、みんなが使える町にするにはどうしたらいいか。
都市空間――立派な家を壊してすぐ駐車場にするじゃないですか。蔵も庭も消えて、情けなくなりますよ。

佃さんの持論は続く。駅西や郊外は「進化論」、都心は「深化論」であり、その具体的なプロジェクトデザインも話してくれた。社会資本、都市の構造政策、国際化への対応、さらにスポーツやエンタテインメントの振興など、多岐にわたる。それは、金沢駅西開発協議会の都市問題委員会委員長時代からの構想であり、展望である。だから、現状での失望である。前にあげた問題にしぼっても、「金沢の現在」が正確に表現されていると思う。かつての学生運動の用語を使えば「異議なし！」であり、藩政時代の遺産を食いつぶして生き残っているという批判もある。しかし、あらゆる遺産は過去から未来への問いかけである。その保存や再生は創造の源泉でなければならない。想像力を次へと活性化する磁場として。

佃食品本店

佃さんの商売に戻る。私が関わった各種のプロジェクトの中でも、重要な空間プロデュースについて。下新町にある本店のことへ。佃さんとのケンカは、あのときが最高潮だった気がしている。ケンカとは、お互いの思想をぶつけあう修羅場であり、その過程から、新しいシナリオが生まれる。私にとっては共同研究のスタイルだが、佃さんは、最初にそのことを理解されたのである。

・表通りか、裏通りか？　・市民の店は、旅人の店
・大劇場か、小劇場か？　・日常の味は、土産の味
・車の道か、人の道か？　・界隈の景は、都市の景

当時、佃さんは三十代後半だったか。血気盛んな青年経営者として、尾張町の表通りへの進出を条件とした。私はプロデューサーの修業時代

下新町（しもしんちょう）
前田利家は、一五八三年の金沢入城後、出身地の尾張の国から商工業者を呼び住まわせ、町を築いた（旧・尾張町）。そこが発展し、新たに町地を拡大することによってできた町が、新町である（明治になり上新町・下新町となった）。二〇〇九年に旧町名復活を果たした。

尾張町
武蔵ヶ辻から橋場町までの国道を中心にして広がる町が現在の尾張町である。江戸～明治時代は金沢経済の中心地であり、大型店舗が残る。

で、喰うことに必死だったし、そのためにも自分の思想に固執するしかなかったのである。クライアントの事業拡充と資本投入への回答は、私自身の理論の実現であった。結論として、本店は動かさず、私の計画通りに進んだのである。佃さんにお礼のいいようもないほど、うれしいことであった。

佃食品の本店の前は、文豪・泉鏡花の生誕の地である。現在、「泉鏡花記念館」があり、表通りには、かつて老舗の森八があった。表にも裏にも、城下町金沢の風情を感じる店が残っている通りだ。東山や主計町の茶屋街のあるところといえば、観光金沢の名所である。久保市乙剣宮のそばの「暗がり坂」から花街への路地には金沢の奥の深さを感じるであろう。

泉鏡花が少年のころに遊んだ裏路に佃食品の本店がある、という一点だけでも、私にはブランド戦略として不可欠の条件であった。もっとも、高度経済成長期に向かう当時の状況では、私のキーワードはネガティブすぎると否定されることが多かったが、佃さんの世代から、少しずつ共感する経営者に巡り会い、それがのちの「金沢風土研究会」となり、そ

泉鏡花記念館
泉鏡花（一八七三〜一九三九）の生家跡に建つ記念館。鏡花の生涯と創作活動を紹介している。一九九九年開館。金沢市下新町。

森八
一六二五年創業の金沢を代表する和菓子メーカー。小堀遠州の命名・揮毫で生まれた「長生殿」は日本三銘菓のひとつ。二〇一一年、創業以来の尾張町の本店を大手町に移転。

久保市乙剣宮
平安時代の初め「乙剣大明神」と称し、加賀国小坂荘久保市村の産土神として創建されたと伝えられる。中世に至り、門前に北加賀地方の中心的市場が形成され、ここから金沢のまちが形作られていったことから、「市場発祥の地」「まち発祥の地」とされ、とくに「商売繁盛・発展の神様」として広く崇敬されている。

こから「フードピア金沢」が誕生していったのである。

あのころは、私には過渡期でした。息子の一志が生まれて、バトンタッチするまでに商売を一人前にしなきゃと。それから、いろいろやり出したんですよ。息子は今、金沢青年会議所で頑張っていますが。それで、本店は表通りに出したいと言ってたんですが、出島さんに反対されて。でも、裏通りでよかった。それから、出島さんが企画したショッピングバッグをいまだに使っているし、独立したコピーライターの表谷千賀さんともつきあっているしね。

その後、私は各地での勉強会で「イエ・ミセ・マチ」の関係について、さらにそれに「クニ」を加えて、時代を読むことが流儀となった。また、そのキーワードから滋賀県長浜市の「北近江秀吉博覧会」、さらに能登の七尾市で新しいまちづくりの運動「能登国際テント村」や「株式会社御祓川」が設立されていくことになったのである。

その意味では、佃食品本店は、私のまちづくり思想の原点となったの

暗がり坂
久保市乙剣宮より主計町に通じる小路を指し、日中も日の当たらない暗い坂道なので、この名で呼ばれている。暗闇坂ともいう。

表谷千賀（おもてだに ちか）
金沢市生まれ。コピーライター。北陸朝日放送番組審議会副委員長。

北近江秀吉博覧会
一九九六年の大河ドラマ「秀吉」に合わせて滋賀県長浜市が企画した博覧会。テーマは「変革と自由」。パビリオンは建てずに、大通寺、長浜城歴史博物館、街中の旧映画館、湖北地域一帯を会場にした。会期二三八日間で、総入場者八十二万人を超えた。出島はトータル・コーディネーターとして参加。

であり、今日でもその思想は変わらない。イエのあり方、ミセのあり方が、マチのあり方に影響を与える。イエは「私」だが、ミセは「私と公」の境界にあると思う。その境界の価値は、さらに大きな環境の創造につながっていくであろう。

佃さんとの議論の中で、私は言ったように記憶している。「たかが佃煮、されど佃煮」と。設計・施工を当時の東京商工美術にお願いしたのだが、担当者のKさんは、そのことを、よく理解してくれたのである。

・マチが語るストーリーは何か?
・ヒトが語るストーリーは何か?
・モノが語るストーリーは何か?

こうして私は、「家業こそ地域の文化装置」と考えるようになった。さらに、まちづくりの主体は家業であるとも。「建物を環境に変えること」。逆に「環境から建物を考えること」。そこに醸成される「大景・中景・小景」のバランスのこと。ミセは、そこを活用する人びとにとって、「記

能登国際テント村
七尾市の「能登食祭市場」建設に向けた模擬体験の場として、また七尾マリンシティ運動の広報を目的として、一九八九～二〇〇五年まで開催された。毎年十万人以上の人を集め、青柏祭の開催日がゴールデンウィークに変更されるきっかけともなった。

御祓川（みそぎがわ）
七尾マリンシティ運動に当初から携わっていたメンバーが、七尾の中心市街地の再生には汚染された都市河川・御祓川の再生が不可欠と考え、一九八九年に設立したまちづくり会社。現在は、「みせ育て」「まち育て」「ひと育て」をテーマに、御祓川大学、能登留学など幅広い事業を展開する。

録と記憶」の場所である。そこは五感に働きかける。心身に問いかける。日常の平凡な食材の一つである佃煮がもつ多様な価値のこと。それが、私が「たかが佃煮、されど佃煮」という言葉で、佃さんに言いたかったことなのであった。

新社長へのメッセージ

佃さんは、二〇一七年（平成二十九）七月、社長を息子の一志さんに移譲した。その案内状が届いたとき、「ごくろうさんでした」と言いたい気持ちになったが、会長になった佃さんは、ますます意気軒昂である。もとより会長になって隠居という時代でもない。社長は社業に、会長は社会活動にと、活動の領域が変わっていく。私はまちづくりの主体は家業とした上で、具体的には会長がその主役を担っていくべきであろうと思う。社長が青年会議所で活動するのとは別である。プロジェクトによっては連携や共同作業があるにしても。

二回目の取材では、一志さんが同席した。私は、こんなときこそ佃さんの一言が欲しいと思ったのである。単刀直入に、「新社長に期待することは?」である。一志さんは突然の質問に驚いたかもしれないが、「JCI世界会議金沢大会」のスタッフとして鍛えられたから、落ちついたものである。そして普段からの、父と子の以心伝心のことでもあったであろう。

JCI世界会議金沢大会
JCI(国際青年会議所)が年に一度開催し、全世界の青年会議所メンバーが集まり議論する。JCI百周年となる二〇一五年は金沢で開催され、八〇〇〇人以上が参加した。

まあ、若い感性でやればいい。ただ、前にも言ったけれど、難局を克服する心があって欲しい。今の若い人は「ああ、やめた」とか「ちょっとテーマが難しいわ」とか、投げ出したくなるんやて。苦しさを乗り切る、山を越えるとかの胆力があってもらいたいね。私らは、敗戦、経済大国、リーマンショックなどというような壁を克服してきた。時代がその強さを与えてくれた。ところが、息子たちの世代には、「それはやめたらいい」とか「縮小したらいいんじゃないか」とか言って、乗り越えることがないみたいでね。それが心配やね。

私は、佃さんの「時代が強さを与えてくれた」という言葉に納得する。

といって一志さんの世代がかかえる問題は、その強さで解決できるかどうか。私の判断は、情けないが中途半端になってしまうのである。それで、話を切り替える。会長になった佃さんの活動の一端を聞いてみることにした。

まちづくりは、命のある限り、やれるだけやろうと思っています。自分の個人的な欲望じゃない。金沢をもっともっと良いまちにしないとね。「東山まちづくり協議会」「老舗・文学・ロマンの町を考える会」「浅の川園遊会」その他、まだまだあるけれどね。それに金沢のことだけじゃなくて、日本の問題もあるでしょ。私は政治家じゃないからできないけれど、何で日本が中立国にならんのかなと思ったりね。いずれにしろ、私の人生だもん。会社は息子に渡したけれど、私は、死ぬまで余生のない佃一成として生きていきたい。会社のことから、ときには天下国家のことまでね。

一志さんは静かに耳を傾けていた。幼少のころから佃さんの言動に教

金澤東山まちづくり協議会
一九八七年から開催している「浅の川園遊会」を支える会として誕生。金沢の伝統と文化の残る浅野川界隈で、まちづくりと暮らしを支える活動に取り組む。

老舗・文学・ロマンの町を考える会
一九八六年に発足。会長は佃一成。地元の特別会員、法人会員、一般会員で組織され、「自分たちの手で個性豊かな町づくりをすすめる」がスローガン。

浅の川園遊会
一九八七年から二〇〇八年まで、四月の第二土日に開催。金沢の伝統芸能（浅の川おどり・水芸・お座敷芸など）が行われた。現在は、春のひがし茶屋街での越中八尾おわら踊りや、夏の主計町での川床などが開催されている。

育されてきたのだ。正確には佃夫妻に、であろう。その一つが海外旅行であった。「この年代で一志ほど外国に行っている人は、それほどいないと思うよ」と佃さんは言われる。

アメリカ、中国、スリランカ、タイ、マレーシア、ノルウェー、スウェーデン、フィンランド、デンマーク、イタリア、オーストリア、ニュージーランド、オーストラリア、シンガポール……。小学生のとき、中学生のときの一志さんは、両親に連れられて世界の旅人になっていたのであった。佃さん自身の仕事を兼ねる旅もあったけれど、子供を連れて未知の世界に飛び込んでいく佃さんのバイタリティは、すごいと思ったのである。そして、その強靭な精神力は、一志さんに受け継がれていくのである。

第二章　加賀麩不室屋・ふの字の小宇宙

株式会社加賀麩不室屋
麩製造販売
代表取締役社長　不室康昭
創業一八六五年（慶応元）・設立一九五三年（昭和二十八）・資本金一〇〇〇万円・従業員数一〇〇名
〒九二〇-〇二一九 金沢市かたつ一番地
電話　〇七六-二三九-四〇〇〇
www.fumuroya.co.jp

宝の麩

麸業界の現状

私は車麸が大好きである。あの形がいい。二十年近く前、丸八製茶場の広報誌『動橋』の取材で、加賀麸司宮田の工場に入った。そのとき、初めて麸の製造現場を見て、驚いた。工場というより工作室。とりわけ車麸を焼く一人の職人の身体と道具の絶妙な関係に、これぞ技芸なり、と思ったのである。

ものの生まれる場所には、秘技めいたことがある。それが単純であればあるほど、奥の深い手業の極意のようなものがあると思う。それ以来、遠来の友人の金沢観光の隠れ名所として、案内することも何度かあった。

金沢の麸を代表するブランドは加賀麸不室屋である。一八六五年（慶応元）創業。老舗の多い金沢だが、麸の業界で歴史も業績もナンバーワンとして全国的に知られる。では、いったい石川県にはどれぐらいの麸屋があるだろうか。会長の不室昭さんが用意してくれた本店の麸料理を前にして、取材はスタート。

不室　昭（ふむろ　あきら）
一九四一年、金沢市生まれ。同志社大学商学部卒業後、家業の不室製麸工業に入社。一九七〇年に社長、二〇〇五年に会長就任。石川県製麸工業会会長、石川県食品協会副会長。武蔵地区まちづくり協議会会長。

車麸
小麦から取り出した小麦タンパク（グルテン）を、長い棒に巻いて直火で焼き、その上に再びグルテンを巻いて焼くことを繰り返した伝統的な焼麸。金沢では炊き合せ、卵とじ、おでんの具としてよく使われる。金沢独自の麸としては、他にすだれ麸があり、加賀料理や治部煮には欠かせない。

うちを入れて八軒や。私が知っている範囲で、盛時には十七、八軒かな。うちのビルに、しばらくだけ石川県の組合の事務所があって、事務員を雇っていましたね。あの時代は良かったんだろうな。戦後のことしか覚えていないけど。全国的には、協同組合全国製麩工業会が四十五年前にできて、最初は五〇〇軒あった。それからどんどん減っていって、今は一〇〇軒弱やね。組合の事務所は東京にあって、私は三人の専務理事の一人。返上したいと言ったのだけれど。組合に入っていないところも二十数軒ぐらいあると思いますね。

石川県内には、小松やその近辺にもあったらしいが、現在は金沢だけだという。しかも、小売りは不室屋と宮田の二軒である。あとはほとんど問屋やスーパーへ納入する。私は食文化に独自のものを持つ七尾に一軒ぐらいと思ったのだが、昔から麩屋はなかったのだ。

老舗といえば、やはり京都である。一六八九年（元禄二）創業の半兵衛麩。さらに、一八〇〇年ごろ（文化文政年間）創業の麩嘉は、宮内庁御用達の生麩の専門店である。

全国製麩工業会
一九七一年設立。製麩業界の地位向上と、伝統食品としての麩が広く社会に評価されるよう組合員の自覚を促すとともに、より強固に団結するために結成された。一九八六年には二五八社加盟していたが、現在の組合員数は一〇〇社を切っている。

半兵衛麩
一六八九年創業の麩・ゆば専門店。料亭や寺院本山に納入し、伝統的な食文化の発信と継承に努める。現在の当主は十一代目。本店は京都市東山区上人町。

麩嘉
文化・文政年間創業の生麩専門店。京洛七名水の一つ「滋野井」の井戸水を創業当時から使用している。京都市上京区東裏辻町。

不室さんが小売業に転換したのには理由があった。一番のお得意先の量販店へ値上げの交渉に行ったところ、十円の値上げを五円だけしか認めないことからであった。その五円は、他社の提示したものであると言われた。

同業者が「あそこは不室屋さんの一番の得意先だから、誰も値上げにいかんて」と言うのです。私は、こんな商いの仕方はしたくないと思った。それならば小売りだと。小売りは、お客さんに商品価値を認めてもらえれば、一〇〇円が二〇〇円でも買っていただけますよ。それで、一九七三年（昭和四十八）、私が三十一歳のときに始めた。親父が亡くなった次の年や。小売りはどこもやっていなかったので、まず暖簾をかけようとね。いろいろと店づくりを考えました。商品をどうするかとなると、うちの家内が一生懸命考えて、何も手本がないので、お菓子からヒントを得ようってことで、お菓子屋さんを見てきてパッケージをつくったり。最初は並べるものがないから、自然食品を扱うところから小麦粉とか乾麺とかを仕入れて。

不室さんの小売りに賭けた理由は、もう一つあった。交渉ごとが苦手だから、商談をしたり、どこかに割り込むということができない性分であったこと。小売りならば、来店したお客さんに対して、きちんと対応すれば買っていただけるにちがいないという思いであった。

私は、金沢の和菓子処のいろんな意味でのデザイン力が不室屋の商品力の基層にあったことを知って、地域の文化力というものを再認識したのであった。それで、大好物の車麩に戻ることにする。あれは、金沢だけのデザインなのか。名前を変えても、他県に車麩はあるのだろうか。

どっちが始めたのかわからないが、四県にあります。石川と富山、それに新潟と山形。形はまったく同じなんですけど、新潟の車麩は、四回巻きという極端に大きいもの。それは小麦粉がたくさん入っているんです。形が崩れないためにということがあったかもしれない。そうすると、昔の小麦粉の団子汁みたいなものに近くなる。そういう意味では、山形の方がもっと薄くて、ふわっとしている。ただ、どれが美味しいかというのは好みだから、一概に言えないと思います。ともかく、太平洋側に車麩をつくるところは一軒もないですね。

麩の生産高の順位では、岐阜県、愛知県、そして石川県となる。私は金沢の銘菓のような麩と、金魚の餌の麩を大別しているけれど、不室さんは、素直にそのことを認めてくれた。そして、日本一の麩屋は岐阜にあるのだと。

そもそも麩は、京都で始まって、お坊さんが各地に伝えたといわれるらしい。たしかに京都には麩屋町という名前が残っているし、「金魚の麩か」というのと、「お麩ですか」という言い方があるように、この世界にも格差があった。いや、それぞれの役割が明快になっているということであろう。

律子夫人のこと

不室屋には二人の息子さんが入社している。長男の不室康昭さんが社長、次男の秀昭さんが専務である。私は生前の不室律子常務に一度だけお会いしたことがあった。康昭さんがフランス料理の店をつくるにあたっての場所の相談を受けたのである。
そのときの律子夫人の振る舞いに、この人が不室屋の商品開発を担当されているのは納得と思った。女性が経営者となる。また起業者として活躍の場を広げる時代に入っている。いろんな意味で家業の大黒柱は女性と考える私には、律子夫人はその見事な一人であった。

家内は商売が好きかというと、そうでもない。売り手にはなりたくない。とにかく店づくりをしたい。今でいうとコーディネーターかな。三十数年、うちの営業を担当していた番頭さんみたいな人が退任したときの思い出話の中で、「常務は熱心な人で、夜中になるのはたびたびでしたわ」と言っていましたよ。私も、それは感心しました。いつも、めいてつエムザや香林坊大和へ行って、夜遅くまでディスプレイをしていた。全部自分で、必要なものを揃えてきて。それをやり続けていた。その延長線上に、テーブルコーディネーターになって、東京で年一回あるテーブルウェア・フェスティバルに五回出

めいてつ・エムザ
金沢市武蔵町にある百貨店。一九三〇年に、現在地の対面に三越金沢店が開業し、丸越、丸越百貨店、現在地では金沢名鉄丸越百貨店からめいてつ・エムザへと、資本・提携を変更しながら、現在にいたっている。

香林坊大和
金沢市香林坊にある百貨店。一九二三年に片町に宮市百貨店を開業して大和百貨店となり、一九八六年の香林坊アトリオの開業に合わせて本店を移転。金沢では二つの百貨店を核に、武蔵と香林坊・片町繁華街が発展した。

て、五回とも入選しました。そんな意味で、センスがあったというべきか、感性があったというべきか。

律子夫人は、グランプリはとれなかったが、つねに上位に入賞していた。私も何店かの空間プロデュースを手がけてきたけれど、建築家の手から離れたあとの日々の店のあり様が肝腎であり、諸々のデザインを考えると、律子夫人の役割は圧倒的である。

専門業者に委ねる部分はあるにしろ、不室さんが「ある意味、完璧主義者やった」と言われるように、テーマに即して徹底的に学習したのである。日本の伝統的な風習・歳時はもとより、洋の花の勉強もしていた。金沢は芸事のまちとして多様な和事が盛んだから、その基本も習得した上で、新しい分野にも挑戦していたのである。「最後はちょっと和に戻りましたかね」という不室さんの言葉が胸に沁みる。

不室さんは、創業一五〇年を記念して、二〇一五年（平成二十七）に社史を編集・発行した。律子夫人が出版の提案をし、編集長として采配を振るったのである。不室屋の麩料理と歳時記で構成されたカラー写真の

金沢の伝統芸能
金沢では、加賀宝生・狂言、日本舞踊・長唄、三味線・鼓などの伝統芸能が今も市民の中に根づいている。また、長唄・常盤津・清元などから独立した唄の入らない、邦楽の中でも独特の演奏形態の素囃子は金沢市無形文化財に指定されている。

美しい一本である。

家内が生きているうちに、うまいこと完成してね。一五〇周年のパーティには出られなかったけれど。彼女はその年の四月十日に亡くなったんですよ。この社史は、彼女が伝えたいものを残していきたいということなんです。それと、みんなが楽しく読める本にしたいとね。カメラマンもデザイナーも木村ふみさんの紹介で東京の事務所で制作しました。うちの「ふ」ってデザインがあるでしょ。水と月と太陽をイメージしているんですが、あれも東京のデザイナーなんです。社内にもデザイナーがいますけど。ともかく、私は運がいいんでね。その都度、何か困ったときに救い主に出会えるんですよ。

木村ふみ（きむら ふみ）
東京生まれ。大学で美術史を専攻した後、ニューヨーク、ロンドンにてフローラルデザインを学び、テーブルセッティングやカラーコーディネートを習得。国内外のホテル、レストラン、旅館、料亭等の空間装飾・演出等の総合的な食環境プロデューサーとして活躍。

律子夫人の遺書のようになってしまった記念誌だが、私には「作りたい」「伝えたい」と言われた律子夫人の気持ちがよくわかる。仕事の領域を問わず、集大成のような出版には、次への橋渡しがあると思っている。不室屋が次の五十年、すなわち二〇〇〇周年の記念誌をつくるときに、この一本は新しい価値を持ってくるだろう。金沢の麩文化を構築した不室屋の昭和・平成の証言者として。

不室さんは、そのときどきで大事な人物に巡り会っている。正社員の七割が女性であるが、その教育にあたっても、不思議なネットワークがあった。不思議とは、すばらしいと言い換えるべきだが、律子夫人と飯田深雪さんとの出会いのことである。

女性スタッフの教育は、家内が担当していました。いわゆる「おもてなし」ですが、お礼の仕方や電話の受け方から始まって、すべて。というのも、家内は飯田深雪先生のところへ出かけて、国際マナーを習っていましたからね。飯田先生のご主人は外交官でしたから、ずっと外国生活が長く、そこで身につけられたのを教えていたんです。アートフラワーと国際マナーとフランス料理かな。飯田先生のお兄さんが四高出身なので、家内が金沢から来たというので、すごくかわいがってもらって、いろいろな相談もしていました。

飯田深雪（いいだ みゆき）
一九〇三～二〇〇七年。新潟県生まれの料理研究家、アートフラワーの創始者。外交官との結婚後、米・英・インドなどで暮らし、終戦直後よりアートフラワーを始める。ＮＨＫ「きょうの料理」で初期から講師を務め、西洋料理の普及にも尽力。

私は、このご縁をつくった背景に旧制の第四高等学校があることを知って、やはり、と思ったのである。「食の都」は「学の都」でなければならないのだ。それで、現在の教育はどうされているのか。律子夫人が亡くなられたあとのことだが、社長の方針で、外部ブレーンに協力してもらっているとのこと。「長男は、何でもプロにはプロの考え方があるから、彼らに相談するんだ」と不室さんは言われる。教育だけではない。経営コンサルタントも各種コーディネーターも。

それで、彼らは社長の大学の同級生であったり、不室さんの知友であったり、ここでも不室屋のヒューマンネットワークが活用されているのである。それぞれの関係の経緯を聞いていると、ここに不室屋の土台が構築されていると思うのである。

旧制第四高等学校
一八八七年、第四高等中学校として金沢に開設。一八九四年に三年制の第四高等学校と改称。一九四九年、新制金沢大学に統合。出身者には、井上靖、木村栄、正力松太郎、鈴木大拙、谷口吉郎、徳田秋声、中野重治、中谷宇吉郎、西田幾多郎、平泉澄、藤岡作太郎、宮本憲一などがいる。

兄弟の経営

家業の継承者が問題になっている。跡を継がないところが多くなってきたのである。さて、どうするか。いろんな政策や方法が論じられているが、それは別の問題としよう。

私の約四十年間の生業の中で経験したことは、長男だけが継ぐという会社と、それにこだわらない会社に区分されるようだ。どちらが正解なのか。ということも、しばしば議論されることだが、不室屋の場合、息子さん二人が経営陣となった。入社までの兄と弟の進んだ道が異なっていたことで、それぞれの領域を明確にし、協業の体制を強固にしていくのだ。

長男はフランスのパリに四年ほどいて、帰国してからうちの本店近くのビルでフランス料理の店をやっていた。彼はプロデュースする立場で、実際に鍋を振ったりはしなかった。もともとパティシエであり、フランスで開業する許可証までもらっていたんですよ。なのに帰ってきたというのは、何ていうかな、後継者の思いなんでしょうね。フランスは、まあ、ヨーロッパ全体が伝統を重んじるわけです。それで、うちがそのとき創業一二〇年をこえる商売をやっているという話になって。「老舗じゃないか、それはたいしたもんだ」と現地の人の対応がちがってきた。フランス人は「差別」はしないけど、「区別」はするという話で、それで優遇されて、向こうの友人がいっぱいできてね。

康昭さんは甲南大学経営学部を卒業したことからも、私には、パリは遊学の地であり、いずれ継承者として金沢に帰ることを決めていたように思われる。パティシエとして一流であったがゆえに、家業の価値を発見したのだろうと思う。では、弟の秀昭さんはどうだったのだろうか。

私が勝手に会社に入れたわけでなくて、長男にどうするかを聞いてね。弟はまたおもしろいんで、アメリカに行っていた。ポール・スミスカレッジというニューヨーク州にある単科大学なんです。カナダの国境近くにあって。齢は二つちがうが、性格もまったくちがう。不思議なくらいにね。それで、弟は営業向きなんです。アメリカは合理的、フランスは個人主義的というかな。どちらも自分は正しいという意見を持っていないと。だから、弟はディベーターです。こうして、うちの二人とも外のみなさんに育ててもらった。私はなんにもしてないんや。で、一番下の娘は、ロータリークラブの交換留学で一年間、カナダに行っとったしね。もう一人の娘は嫁に行って専業主婦ですわ。

不室さんの四人の子供たちの暮らしの話を聞いていると、現代の家族のあり方の一つの物語が書けそうな気がする。地域社会に根づいた老舗の子供たちが海外に飛び出し、新しい風を吹き込んでくる。若い時代に異文化に触れる意味は大きい。それが麩づくりという、まさに日本の伝統的食材であるがゆえに、より一層と思うのである。兄弟のコンビネーションから、何が生まれるのか楽しみである。

私はあえて、兄を「手の人」、弟を「足の人」と定義してみる。むろん、共有しているのは「言葉」である。創る人であれ、売る人であれ、言葉への感覚を磨かなければ、と思うからである。不室さんは「たしかに料理の上手な人っていうのは、シェフといわれる類の人は、家事でも何でもできるね」と長男の家庭人としての能力を高く評価していた。それはとても大事なことで、私には妬ましい話であった。

有松三軒家

金沢の老舗が関東・関西・東海の大市場へ、主にデパートに出店するという状況は変わらない。デパートの凋落と再生という問題はかかえているにしろ、そこから撤退する話はあまり聞かない。不室屋ブランドも、デパート出店を一覧すると、全国各地の銘品と同じ展開といえる。有力デパートに入ることが有力ブランドの保証であったのだから。かりに若い世代から「デパート神話」が崩壊していくとしても、まだまだこの流通戦略は続くような気がする。

近年、それに加えて首都圏に自店を構える状況に入ってきた。福光屋は東京に四店舗を出しているが、不室屋もサントリー美術館に出店している。そのキッカケを聞いてみる。不室さんらしいヒトのネットワークが視えてくるのだ。

サントリー美術館
一九六一年に「生活の中の美」を基本テーマに、千代田区丸の内のパレスビル内に開館。二〇〇五年にサントリー東京支社の移転にあわせ休館。二〇〇七年に「東京ミッドタウン」に入居して再オープン。美術館併設のカフェとして不室屋がshop×cafe(ショップバイカフェ)を出店した。

サントリー美術館の「ショップ×カフェ」を出すにあたって、何軒か候補があったわけですよ。その監修をされていた木村ふみさんは家内のコーディネートの最初の先生で、「不室屋さん、どうですか」と声をかけてくれたんです。うちが選ばれたのは、加賀麩を和洋のメニューで提供できるということだったようです。それでサントリーの人たちが来沢して、食事をしてもらい、次の日に洋食となって、ここで出していたモンブランが絶品や、とみんなが言うんですね。私は栗が苦手なもんやから、どこがいいかぜんぜんわからん(笑)。

サントリー美術館の出店の経緯とその後の展開を知ると、ブランドというものの価値がよくわかる。サントリーだから入館者がある、というのは事実である。しかし、不室屋があるから、という新しい発見があった。ナショナルブランドとローカルブランドの、いわばコラボレーションが成立したのである。

不室屋はサントリーから「物販もやっていい」と言われるようになり、商品を売ることにした。それがカフェの売上全体の三割となっていく。

不室さんは「よくある話だけど、ホテルの中でパンを売ったり、ケーキを売ったりしているようなもんです」と微笑された。たしかに、そんな展開が増えてきた。その傾向は、食品だけでなく、衣類や工芸などにも波及していく。

ところで、私が注目するのは、首都圏だけではなく、地元でのショップ展開である。それも観光名所ではなく、郊外の生活居住地域での「有松三軒家」のことで、三軒とは、不室屋、佃食品、中田屋である。

あそこは、金沢の商圏の中心であるＪＲ金沢駅、武蔵、香林坊に次ぐ販売の拠点として、南の方に路面店を計画していたんです。野々市市や白山市のお客さまからの要望もありましたしね。それで、土地が広かったので、親しくしている佃さんと中田屋さんに、いっしょにやらないかと呼びかけたんです。麩と佃煮と和菓子。食料品だけど、それぞれ分野がちがうから、おもしろいでしょ。多様化に応えられるような店づくりができると。おかげさまで、三軒ともに成功しています。今は、三社とも息子たちが社長になって、三人がい

有松三軒家
加賀麩の不室屋、佃煮の佃食品、きんつばの中田屋が暖簾を並べる長屋型協同店舗。入口は各店舗にあるが、内部は仕切りがなく自由に行き来できる。二〇一一年にオープン。金沢市有松。

ろいろな情報を交換しながらやっています。

私は通勤の途次に、またクライアントへ出向くバスの中から「有松三軒家」の前を通る。最初に見たときハッとした。ここまでマーケティングが成熟したのだと。都心がデパートの市場とすると、郊外は家電や衣料や食品などの大型モールやスーパーの市場である。そこに、金沢の銘品三軒の新しい商業施設ができたのである。

これはすばらしいプロジェクトである。しかも、家業の継承者たちが交流を重ねてのことである。かりに失敗したとしても、私はこの試行・実験を高く評価したい。自宅の食卓で使う商品、あるいは手土産や旅人を案内するスポットとして、このようなショップ展開が可能であることをうれしく思うのだ。

それにしても、「きんつば」の中田屋さんはすごいと思う。佃さんも、そのことについて話してくれたけれど、つねにJR金沢駅百番街「あんと」の上位だという。一二〇店舗ある中での、このブランドパワーはすごいとしかいいようがない。キャラクターブランドの辻口博啓さんの「ル ミュ

辻口博啓（つじぐち ひろのぶ）
一九六七年生まれ。石川県七尾市出身。クープ・ド・モンドをはじめ世界大会に日本代表として出場し、数々の優勝経験を持つ。現在はオーナーパティシエ・ショコラティエとして、モンサンクレール（東京・自由が丘）をはじめ、コンセプトの異なるブランドを展開。

ゼドゥアッシュ」がトップになったりするらしいが、次元のちがう話としたい。

もちろん、石川県の菓子業界だったら、たとえば加賀市に本部のあるだいいちグループなどの大きなところはありますよ。九州でも大きく展開しています。でも、いわゆる銘菓として考えたときには、長生殿の森八さんや落雁の諸江屋さんなどが歴史的にも金沢を代表していますよね。で、私は思うんですよ。いろんな「町づくり・村おこし」とか、六次産業の振興とかいう言葉に扇動されて、一部では安直な商品づくりを行うところもあって、それでいいのかね、と。ちゃんとしたメーカーというのは、やっぱり研究し、安全性も確認とってやね、安心して買えるのがブランドだと思うんですけどね。自分のところの信頼性を損なったら大変なことになるから。

不室さんの懸念には、私も同感である。安易な「ふるさと創生」が繰り返し行われる。貧しい政治の表象である。相変わらず、としかいいよ

だいいちグループ
加賀市に本部があり、観光市場を中心に菓子の製造販売事業を展開する。熊本県に九州拠点がある。

落雁諸江屋
一八四九年創業。本店に隣接する落雁文庫には、代々伝えられた製法帖や道具などを展示している。また六代目当主は金沢の菓子研究の成果を「加賀百万石ゆかりの菓子」として上梓。本店・金沢市野町。

ふるさと創生事業
自ら考え自ら行う地域づくり事業の通称。一九八八年から一九八九年にかけて、地方交付税交付団体の市区町村に対し一律一億円を交付した政策。

うがない。少子化・高齢化という社会の構造の変化は認めるにしても、その対応の安易さは否めない。食品に限ったことではないが、底の浅いものづくりの横行は、いずれ自然淘汰されるにしろ、あまりにも、というべきであろう。とりわけ北陸新幹線という鉄路の速度が変わっただけで、金沢にもさまざまな問題が出てきているのだから。

といって、挑戦する意志を無視することはできない。プラス・マイナスを斟酌しても仕方がないが、真性の起業者ならば、いずれ伝統の基本にぶつかるだろう。モノがヒトを鍛える。地域文化の「文化」という場合の「地力」は、そこにあるといえやしないか。

私は「新幹線バブル」の中から、新しい金沢のあり方を考える世代が育ってくる気がしている。地方都市にとって新幹線はすさまじい影響力を持っている。首都圏へ流出する若者がいる一方で、転入する若者もいるのだ。しかも、文化を異にする諸外国からも。その衝突によって、いろいろな領域で「文化小革命」が起こってくるだろう。その小の積み重ねに、家業の未来がかかっていると思っている。

北陸新幹線
上信越・北陸地方を経由して東京・大阪間を結ぶ路線として計画された。一九七三年に高崎・長野間が開業(東京・高崎間は上越新幹線と共用)し、二〇一五年三月には長野・金沢間が開業した。

原料のグローバリズム

食品業界にとっての重要な問題は、いい原料を確保することである。良くも悪くも、グローバルという意味はここに集約されるといっても過言ではないだろう。といって、国内産ならば安心、外国産だから不安、ですむわけではない。この辺の事情に、いかに消費者が神経過敏になっているかは、「健康食品読本」の類を一読すればよい。いったいどの著者の理屈が真実なのか迷うほどである。

食品の安全に関する情報は、これからいよいよ複雑になっていくであろう。では、不室屋の原料はどうなっているのか。国内産でまかないきれる生産量をはるかにこえているのだから。

国内産も増やしているけど、ほとんどが外国産。主にアメリカとオーストラリアです。国産の小麦粉は寒い地域のものだから、北海道と東北の一部で。地元では小松でも作っているけれど、量産してないんや。もちろん値段は高い。小麦粉自体は変わらないんだけど、グルテン量が少ないから、どうしても割高になる。海外産のものは、いろいろいわれるけど、玄麦で入ってきて、それを削っていくわけやから、たとえば残留農薬の濃度を調べてみると、まったくといっていいほど身体に影響はないんですね。それならば良いんじゃないですか、という判断で。安全で、値段的に安くて、美味しいならそれで良いわけでね。輸入品だから、円高・円安があるけれど、原料の価格は、今のところ大きな問題ではないですね。

不室さんから「薄力粉」と「強力粉」のちがいの講義を受ける。デンプンとグルテンとタンパク質の関係のこと。その国内産と海外産の特性のことである。おもしろいのは、国内産の原料だからそれが美味しくなるとは断定できないこと。「安全・安心・安定」。このスローガンを掲げると、もはや原料の産地論だけで解決できる次元ではないのである。

ここからは、ブランドとは何かという家業の生存領域に入ってくる。一言でいえば、経営者の哲学である。不室さんは「生麩と焼麩」とで、原材料を変える方式をとっているようだが、私には、そのちがいはよくわからない。口に入るものに無知であってはいけないが、それについて、日々、不安を感じないこと。それをブランドロイヤリティと考えるしかない。といって、それが「絶対」ともいえないから苦しいところである。

食品の大手企業の不祥事が頻出し、さらに他の工業製品についても。とすると、メイドインジャパン、イコール、絶対安全というのも幻想である。

うちはお吸い物みたいなものを出しているでしょ。そうするとホウレンソウが大量にいるわけ。どこか地元でまとめてくれたらいいんやけど、それがまとまらない。うちは豊作であれ不作であれ、契約して買うからと思うのだけど、ＪＡが押さえたりしている。この辺は、これから解決すべきことですね。それで、他もそうかもしれないが、二割の売れ筋商品で八割の売上を占めるんやね。パレートの法則というらしいけど。ということは、何かしらヒット商品があって存続しうる、ということなんだろうと。うちだと、その一つが、

パレートの法則
全体の八〇％の数値は、全体の二〇％の要素が生み出しているという法則。国家の富の八〇％は二〇％の富裕層が独占しているという統計分析が元になっている。イタリアの経済学者ヴィルフレド・パレートが発見した。

家内が考えた「宝の麩」で、ヒントは懐中汁粉。発売は一九九一年（平成三）ですよ。それで、京都の「宝酒造」が何かの記念品に使ってくれてね。「宝」の文字がよかったんでしょ。

ヒット商品、すなわちベストセラーが家業の力をつける。それがロングセラーになっていく。その背景には改善・改良の工夫が必要である。しかし私は、内在的理由より外在的条件によって、商品や店舗の数が増えることを懸念する。上昇期にあるブランドには、金融関係を第一に、「それいけドンドン」の空気が濃くなっていく。そうして愚かな失敗に陥る家業も少なくないのだ。自業自得。そういうことかもしれないが、それこそもったいないと思うのだ。

それにしても、「不室屋」というネーミングは絶品である。由来をたどると、不室村にちなんだ屋号という。不室村は、かつて私の故郷の河北郡にあった村というから、不思議な気がした。「不」と「麩」と「ふ」。不室屋のＣＩのイメージは「ふ」の文字にあり、と思う。そのコンセプトからデザインにいたる話をまとめると、一つの絵本ができそうだ。

懐中汁粉
江戸時代に発明されたといわれるインスタント食品。最中の皮の中に粉末のこしあんが入っており、湯をかけて溶いて食べる。

不室村
石川県河北郡に存在した村。現在の金沢市北東部、北陸自動車道の金沢森本インターチェンジの東南東にあたる。

私は私家版の小冊子の中で、「ふふふの麩」というフレーズで車麩を描いたことがある。さらに「混浴の大宇宙」というフレーズをつけて、おでん鍋をとらえたことがある。

その馴染みのおでん屋も、「金沢おでん」の大流行にあおられて、暖簾をくぐることは止めにした。常連客よりも一見さん優先の状況が現出したのである。観光ブームというのは、平時の戦争みたいに思う。千載一遇のチャンスを見逃してはならないという商売気が生まれていく。金沢おでんの中の逸品としての車麩を見ながら、時代の変遷を感じる。

私の少年時代は、車麩の卵とじが常食であった。だから車麩が脚光を浴びるのは、おふくろの味の再評価みたいな気がするが、旅人には初めての金沢の味かもしれない。サツマイモも然りで、「五郎島金時」として高価になるのも、了解とすべきであろう。金沢の「金時草」という野菜もそうだが、百万石城下町の食の風景に「金」がまといつくのは、金箔生産量日本一の栄光としようか。それとも、これからの影を予見するモノガタリの前奏曲としようか。

金沢おでん
いつから言い出したか不明だが、金沢のご当地おでんのこと。蟹面・車麩・バイ貝・ふかし・赤巻など、特徴的なおでん種がある。石川県は人口あたりのおでん屋の件数が全国一位だという。

五郎島金時
元禄時代、五郎島村肝煎の太郎右衛門が薩摩から種芋を持ち帰り栽培を始めたといわれる。五郎島周辺は日本海に面した砂丘地で、サツマイモの生育に最適。加賀野菜の一つ。

金時草（きんじそう）
和名は水前寺菜。江戸時代に石川県で栽培されていた記録がある。葉の裏面の色が金時芋に似た赤紫色であることから金時草と呼ばれる。夏場の野菜で、茹でるとぬめりが出る。加賀野菜の一つ。

金箔
前田利家が一五九三年の朝鮮出兵で名護屋の陣中から、七尾で金箔を、金沢で銀箔を打つよう命じたことから、十六世紀には行われていたことがわかっている。江戸時代には箔打ち禁止令が出され途絶えるが、一八四五年、幕府の許可を得て再開される。現在は、日本の金箔の九九％を生産している。

外国人の反応

二〇一五年（平成二十七）の北陸新幹線開業後、金沢を訪れる外国人が急増している。金沢を基点にして県内各地へ、インバウンドの動きは波及していく。迎え入れる側のサービスの核に食があるのは、どこでも同じであろう。だから短期間に、集中的に新しいメニューが登場してくる。

私は不室さんに、外国人の麩に関する反応を聞いてみた。現場の状況は観察していないので、しばらく待って欲しいとのことであった。そして三日後に、報告書「外国人来店客の動向・反応などについて（東山店）」が送られてきた。不室屋が成長する理由の一端が見えた。この対応の速さである。

金沢の和菓子や日本酒が外国人に人気があることはわかっていた。福光屋の酒蔵見学の盛況からも、単にのぞき見するという次元を超えて、しっかり勉強する人たちの様子を知ることができた。しかし、急増する需要に応えるために、品質管理を疎かにする負の問題も浮上していることは情けない。

不室屋の報告書は、東洋圏（主に中国）、西洋圏（主に英語圏）に大別されていた。それを読みながら、私の感想をまとめたい。大方は予測されたものであったが、麩という食品の特質がよく表れているだろう。

インスタグラムなどSNSで麩を知って入ってくる人もいれば、和菓子屋と思って入ってくる人もいる。東洋圏の人は、大まかだが麩についての知識があり、西洋圏の人はまったく知らない。「焼麩・生麩・おやつ麩・宝の麩」など商品別の反応については、どちらも詳しい説明が必要である。とくに汁物となると、西洋圏は抵抗があるようで、味噌汁、おすましに加えて、具や味噌のちがいについて知りたいという方が多い。共通して、麩の生産の動画には「すごい！」と強く反応される。おもしろいのは、東洋圏はお土産用に三個入り、六個入りを求め、西洋圏は個人用の単品となっている。いずれにしろ、外国語の栞や、通訳・日本語のわかる方がいることが、購入につながっていく。

この報告書のヒアリングは、金沢市内でもっとも外国人が多い「ひがし茶屋街」で行われたから、これは金沢の基調ととらえたい。ちなみに関東圏や関西圏では、麩の情報は伝わっていて、買い求められる方が多く、色のきれいな花麩が人気である。

こうして西洋圏の旅人は、金沢で麩という未知の風味に出会っていくのであろう。現状の販売量は少ないにしても、ここから何かが視えてくるだろう。新しい市場があるとしたいのだが、どうであろうか。異質だからムリと考えるよりも、丁寧な接客サービスを持続すれば、可能性をはらんでいると思うのである。私は、食の異文化コミュニケーションの導入の風景を、この報告書から視ていたのであった。

やがて、不室屋の生産現場に東南アジアやヨーロッパの若い人たちが修業に来るだろう。これは予測ではなく、現在進行形のグローバリズムであろう。そのとき「和の文化」というものの本領が問われてくる。また、新しい「和の商品」が生まれてくるだろう。こうして不室屋の工房は国際交流の教室や道場になっていくのである。

観光とまちづくり

不室さんは、まちづくりに汗を流している。会長になって、社業から切れたわけではなく、同時に、地元の町内会を核とするさまざまな活動の代表を務めているのである。その一つが「武蔵地区まちづくり協議会」である。武蔵界隈は、金沢駅、片町とならんで金沢の繁華街を形成するから、時代の変化がストレートに投影する場所だ。

表通りに面して大きなマンションができたり、北陸新幹線開業にともなう観光客へのおもてなし対応策など、次から次へと新しいプロジェクトが計画される。しかも、その活動は地元の人びとの日常生活の課題に直結していることばかりで、私はこのような活動こそ、まちづくりの基本であると思う。一つ一つの具体的な活動の内容を追っていくと、一冊のまちづくり報告書を書かなければならない。ここでは、旧町名復活につながったプロジェクトを紹介するにとどめたい。

旧町名復活
金沢市政九十周年記念事業の一つとして「金沢市歴史のまちしるべ標示事業」を開始し、旧町名やその由来を記した標柱を設置。市民の意識の高まりを受けて、一九九一年、金沢経済同友会が旧町名復活について提言。一九九九年の主計町を皮切りに、飛梅町、下石引町、木倉町など十一の町名が復活した。

今は「袋通りまちづくり協議会」になりましたが、「袋町・博労町まちづくり協議会」の活動がありました。中心の課題は、電柱地中化とまちづくり協定です。まちを守る、まちを維持したい、ヘンなのが来てもらったら困る。そのためにつくった会で、その会長をやらされているんです。で、袋町の町名が復活したでしょ。そのときは、住民全員の総意がいるわけ。ややこしい手続きもある。私が直接動く立場にあるんですけど、代わりに若い人がやってくれた。中心になった二人は有名大学出身の優秀な人たちで、みんなを説得してくれたんです。もちろん、うちの長男も加わっていたんですけど。

不室さんは、「私は人の世話になるのは得意やけど、世話をするのは得意じゃない」と言われる。こういう言葉が出る人柄だからこそ、いろんな世話をすることになっていくのだ。若い世代が不室さんをバックアップするのも、もっともなことだと思うのである。

そして、袋町だから「ふくろう通り」「ふくろう縁日」「ふくろうランタン」などが生まれていった。ここからは、地元住民、商店街の人たちの遊芸

袋町
北国街道がまちの真ん中を通り、藩政期には金沢城西内惣構堀がまちを横切っていた。北国街道の両端が曲がり、まるで袋のようであったところから、この名がついたという。

空間の創造となっていく。旧町名の復活を「賑わいの復活」としていくストーリーやシナリオが描かれていくのである。

今はほとんど外に出ることはないが、四、五十代のころの私は、各地へ講演やイベントのプロデューサーとして出かけていった。そこで気になるのは食である。不室さんも商売柄ということもあってだろうが、そのまちの古くからある店を探して歩く。広島や松本の旅の話をしてくれたが、印象に残ったのは、とくに鹿児島の知覧の話であった。知覧特攻平和会館を見学したあと、武家屋敷を歩かれたのである。

> とてもいいところやった。金沢の武家屋敷とはちがう。あっちは、見せるというよりも、今も使っているという生活の匂いがある。それに店がずらっと並んでいないもん。どこかで一休みしたいなというときに店があって、中を開放しているんですよ。あれが理想やね。それにしても、九州っていいところがあるね。由布院や日田、杵築、唐津とかね。金沢も気をつけないと。だから、まちづくり協定をつくって規制をかけないと、まちがヘンな方向に変わっていく。長男

知覧特攻平和会館
第二次世界大戦末期の沖縄戦において、爆装した飛行機もろとも敵艦に体当たり攻撃をした陸軍特別攻撃隊員の遺品や関係資料を展示している。鹿児島県南九州市知覧町郡。

知覧武家屋敷
薩摩藩は領地を一〇二の地区に分け、地頭や領主の屋敷である御仮屋を中心に武家集落を作り、分散して統治にあたらせた。知覧もその一つ。一九八一年に国の重要伝統的建造物群保存地区に選定、同時に地区内の七つの庭園が国の名勝に指定されている。その手法は琉球に相通じるものがあり、貴重な存在である。

由布院温泉
大分県の中央部の由布市にある温泉。そばに聳える由布岳の恵みを受け、豊富な湯量を誇る。まちづくりの先進地としても有名。

とも、次にどうするか考えなきゃいかんねと言っているんですよ。

不室さんの「金沢も気をつけないと」の一言が大事なのだ。「いいね金沢」で浮かれているだけでは、その先が危ないのである。私は、不室さんのような立場の人たちが自己批評をしっかり持っていることに安堵する。かつ、それが家業の継承者に伝達されていくことに。

家業経営の妙味

二人の息子さんたちの入社の動機は前述した通りだが、不室さん自身はどうであったのだろう。不室さんは同志社大学商学部を卒業されているから、本心は、故郷に帰っても堅実なサラリーマンを選択したかったのではないだろうか。というような憶測をしてみたのだが、家庭の事情から、やむなく家業を引き継ぐことになったのであった。

経営といっても、私は最後まで運かなと思ってるわ。もともと私は

日田市
大分県の北西部に位置する。林業で栄えた。日田杉を用いた下駄や、国の重要無形文化財に指定されている小鹿田焼が有名。また、豆田町は江戸時代中期からの町屋が残り、重要伝統的建造物群保存地区に指定されている。

杵築市
杵築藩松平三万二〇〇〇石の城下町として栄え、国東半島の政治・経済の中心地であった。北台・南台は重要伝統的建造物群保存地区に指定され、侍屋敷と町屋が往時の面影を残す。

唐津市
佐賀県の北西に位置し、玄界灘に面する。古代から大陸の交易点であった。唐津くんちや虹の松原、呼子朝市、名護屋城跡、唐津城など、名所が多い。

いいね金沢
古いものと新しいものとが調和して生きる金沢に対する共感を「いいね」と表現したもので、住んでいる人も満足、行ってみたいという気持を表している。市民が一緒に金沢のもつ価値を確認しつつ、まちづくりを進める金沢の姿をイメージした。金沢市では、このキャッチフレーズを一九九四年に決定し、使用している。

いいかげんで、ラクしたいんやから、会社を継ぎたくないと思っていた。親父は、どっちでもいいよって。でも母親が、ここまで来たんだから、もう少し続けてやってみてくれと、つねづね言ってたわけ。兄は医者の道に進んでね。「お前しかおらんから頼む」って。で、今の会社を継いでどうするかというときに、朝八時に始まって夕方五時に終わって、社長の給料が出て、社員の給料も払える。みんながハッピーな、ウィンウィンの状態にしたいと思ったんです。だけど私が亡くなったあと、五年先、十年先が大変だろうな。少子高齢化ということも含めて、日本人はどこに行けばいいのかという問題があってね。まさに、会社もどう生き残るかという問題が。

兄は医師になった。姉の二人が嫁いで、末っ子の不室さんが家業を継いでいく経緯を聞いていると、「運の人」といっても、そうかなと思うのだ。自分から積極的に先代の商売を引き継いだわけではないにしても、そこから不室さんの本領が発揮される。

現在、正社員約一〇〇人、パートが約一〇〇人。「いいかげんな人」「ラクしたい人」に経営ができるわけがない。不室さんは、厳しかった時代のことを語ってくれたが、それは終わったことであり、つねに問題はこれからのことになる。「いいかげんな人」の頭は、前へ、前へと回転していく。それで、いろんな問題を出してくれたけれど、次の言葉に、私は不室さんの信条がよく出ていると思ったのである。

この齢になって、つくづく思うのは、あまりにも奇をてらいすぎる商品が増えていくことだね。改良はいいんだけど、良いものをダメにしていくんですよ。ちょっと形を変えたり、必要でないものをつけて付加価値といったり。値段を上げるためにね。これが問題やな。そして、そこが難しい。ある程度の規模を保って、独自性のあるそれなりの商品を出し続けないとダメですからね。長男は性格的に一つ一つをキチッとやりたいタイプで、柔軟性に欠ける気もするけれど、これからはその方がいいのかもしれない。これ以上大きくして、上場するなんてことはさらさらなくて、堅実にやろうと。

私は、これまで数社の再生プロジェクトに参画してきた。一応、その結果を評価してもらえると思っているが、だから万全ということはありえない。業界の頂点に立つブランドであれば、その次にあるのは下降ということかもしれない。上昇や拡充をつねに持続する経営体というものは存在しないからである。

それで「苦しかった」時代の方が「楽しかった」ということにもなるのだが、人間の営為の宿業かもしれない。だからこそ、次の人、その次の人が動き出していく。私は、ふと考えてみる。父の不室昭が、子に康昭、秀昭と名付けたことを。「康」と「秀」の一文字は重く、深いと思うのだ。

長男は、前にも言った通りパリでの生活の経験がある人だから、より多くの人に会って、私よりも大きな物差しをたくさん持っているんじゃないかなという気がします。微妙に私とは考え方がちがうんじゃないかな。私の知らない部分で苦労したことがあるのかもしれない。彼は、あまり弱音を言う人じゃないし、まったくどいたことがないんですよ。私は、金沢という地で、ずっと同じ仕事をしてきていますから、苦労したといっても、周りに助けてくれる人がたくさんいましたね。彼はそうじゃなくて、いろんなことを自分でしなきゃならなかった。だから、ときには私も批判されるし、自分にも他人にも厳しいんでしょうね。

不室さんは、社長の中に自分にないものを視ている。自分より厳しい道を歩いてきたから、万全の信頼を寄せているように聞こえる。今度の取材では社長にお会いできなかったけれど、不室屋の堅実な業績が何よりの実証である。

不室屋は上場を目指さない、と不室さんは言った。ヨーロッパ的というか、イタリア的な家業で、少しずつ大きくしていくという考え方を厳守している。

私の二十代のころは、上場志向が強くあった。それが一流企業への目標や保証のようなものであった。「小から大へ」。その規模は千差万別だが、ともかく上場することが家業の経営者の一つの希望であったことは事実である。それが希薄になったからといって、経営者の精神が衰退したわけではない。

むろん上場志向の経営者は数多い方がいいと思う。その場合でも、必ずしも巨大化を目指していると思えないところに、現代の基調をみたいと思っている。根本は、家業といえど成長や拡大なしに経営体は成立するのかという問題に直面しているのである。

不室屋も、もう一つのブランドの構築にさしかかったような予感もするが、停滞や沈滞を避けるために、つねに経営者は「次の一手」の構想につきあたっていくのだ。でも、それがいかにも楽しそうに視えるのだ。いったい、家業の経営の妙味とは？


あらためて聞かれると困るね。まあ、たしかに自分で計画を実践できるというのがあるわね。いわゆるオーナー会社ですから、自分で好きなことができる。そういう意味での自由さがある。だけど、責任もあるわね。誰も助けてくれないわけだから。もうダメやから次の代に譲ると思っても、他の人に譲るわけにはいかない。そういう重みみたいなものは、つねにありますわね。だから、早く譲れる体制が整って良かった良かったと。私は六十四歳のときに社長を譲りました。私の社長時代は、自分で一からしなきゃならなかった。私は失敗しながら自然と覚えていったという経験があるから、子供たちには何も言ってこなかったんです。そうやって代々続いていくことが当たり前だという思いがあって、スムーズな事業継承ができるという家風じゃないかな。

父親と息子の間には、何かがある。事業の継承にあたって、十分な話し合いがあることは数少ないように思われる。言葉の問題ではなくて、子供のころからの時間の蓄積が二人の間にはある。だから、一つ一つ、手をとって、という必要はないのだ。むしろ、その一つ一つが経営者の入門学であり、自立するための通過儀礼であろう。

さて、市場はつねに動いているのだが、それにどのように対応していくのか。不室さんのキーワードは「出会い」であるとしたい。むろん、どんな人に出会うかは、その人の力量にも関わることである。次の不室さんの言葉は、今度の取材で登場した経営者の方々の共通の言葉であった。

変化に対応できないと生き残れません。ただ、どう変化して、どう革新するのかというのは、わからない。でも、事実はそうです。やはり、人材に恵まれるとか、出会いがあるとか、そういうことによって変わっていく。革新できるわけですよ。われわれも、時代に対応して、というのは当然ずっと思い続けてきているわけで、今もそうです。課題に対する答えは出てこないんだけどね。

不室屋の場合は、社長交替による戦略の大転換があったわけではない。ただし、父親の築いた世界を、そのまま踏襲することもありえないと思う。変えないこと、変えること。なぜ変えないのか？　なぜ変えるのか？どの家業にあっても、この問題は恒久に継承者が背負っていくであろう。不室屋では、二人の兄弟がそれぞれの立場からである。親子三人の阿吽の呼吸のようなものがベースにあって、侃々諤々の議論の場から、社長の英断によって新しいシナリオが創造されていくのだ。

第三章　福光屋・純米蔵宣言二〇〇一

株式会社福光屋
日本酒・焼酎・リキュール・調味料・醗酵食品・化粧品などの製造販売
代表取締役社長　福光松太郎
創業一六二五年（寛永二）・設立一九四九年（昭和二十四）・資本金三二〇〇万円・従業員数一二〇名（二〇一八年）
〒九二〇―八六三八　金沢市石引二丁目八番三号
電話　〇七六―二二三―一一六一
www.fukumitsuya.co.jp

純米蔵の袢纏

アル添酒から純米酒へ

福光屋が「純米蔵宣言」をしたことは、単に酒造業界だけではなく、金沢の食品業界にとって画期的なことであった。私は、やられたと思った。純米蔵宣言という言葉の切れ味に。純米酒を造る酒蔵はあるにしろ、全商品となると現在でもきわめて少ないであろう。ともかく、社長の福光松太郎さんの大決断であったあの宣言はいつだったか。

二〇〇一年（平成十三）です。二十一世紀の始まりの年。背景には、日本酒業界の衰退がありました。日本酒というカテゴリーの定義をきちんとすると、今は戦前まで造られていた清酒とはちがうものを造っている。戦後は米がなかったから、米以外の原料で造った安いアルコールを酒にぶち込んでね。いわゆるアル添酒。あれは国家の指導でやったわけです、酒税の保全のために。えらい安くできるものだから、業界的にそれが馴染んでしまって。一番ひどいときには

福光松太郎（ふくみつ まつたろう）
一九五〇年、金沢市生まれ。福光屋十三代目。慶應義塾大学経済学部卒業、慶應義塾ビジネススクール卒業。一九七七年に福光屋入社、一九八五年に社長就任。金沢酒造組合連合会理事長、金沢経済同友会代表幹事、金沢クラフトビジネス創造機構理事長、石川県日伊協会会長など。フードピア金沢の立ち上げメンバーの一人であり、金沢の文化活動を牽引する。

純米蔵宣言
米、米麹および水のみを原料とし、味・色沢が良好なものを「純米酒」という。福光屋は二〇〇一年度の酒造りから、すべてを純米造りに切り替え、「純米蔵」を宣言。生産高万石単位の酒蔵で、純米造りのみを行う酒蔵は日本初。

三倍にする三倍増醸まであった。今は二倍増醸までになったんですけどね。市場環境の変化がほとんどないという前提で継続しているわけですよ。だから、うちとしてはこの時期にアル添をやめるという当たり前のことをしたんだけど、純米蔵宣言をした当時の業界では、「福光屋はアホや」「二、三年で潰れるわ」という話になっていました。しかし私は、純米化するときに大きな失敗があるとはまったく思わなかったね。

純米酒が好まれる市場になってきたとはいうものの、現在でも日本酒の生産の八〇パーセントはアルコール添加である。私はアルコール添加酒で十分という時代のことを思い出す。約四十年前だが、私が日本酒のマーケティングの仕事を始めたころには、日本酒の危機が叫ばれていた。そのころ純米酒というものは店頭に並んでいなかったし、私のクライアントの酒蔵には、それに準ずる商品はあったけれど、「本醸造」という表示であった気がする。

アルコール添加清酒（アル添酒）
トウモロコシやサツマイモ、サトウキビの廃糖蜜などを原料とした九五％のエチルアルコールを添加して造る酒。第二次世界大戦中、清酒用の原料米が不足したためアルコールの使用が認められ、現在も続いている。

三倍増醸
米と米麹で造った醪に清酒と同濃度に水で希釈した醸造アルコールを入れ、これに糖類、酸味料、グルタミン酸ソーダなどを添加して味を調える。こうしてできた増醸酒は約三倍に増量されているため、三倍増醸酒などと呼ばれる。

本醸造
精米歩合七〇％以下の米、米麹、醸造アルコール及び水を原料として造った酒を本醸造という。吟醸酒や本醸造酒などの特定名称酒に使用できる醸造アルコールの量は、白米の重量の一〇％以下に制限されている。

純米化しない理由は、コストが高いから。簡単にいうと、アルコール添加の平均コストに比べて、純米化すると五割ぐらい上がる。数字でいうとすごいんだけど、その五割を別のコストダウンで考えていくと、問題は解決できるわけです。たとえば宣伝をするのかしないのか、リベートを出すのか出さないのか。営業や生産に何人いるか。瓶はどうなっているのか。つまり、五割上がるのは、中身だけ。上がった分のコストは、全体で必ず吸収できると思って。だから純米化のときに、うちは値上げしていないんですね。これは実に簡単な話で、高級な喫茶店でコーヒーを飲むことを考えるとわかるんですよ。一杯一〇〇〇円のコーヒーの豆代が五割上がっても、コーヒー全体のデザインのことを想定していくと、問題は解決していくでしょ。

伝統的な食品業界が遅れている理由の一つは、「昔ながら」という発想と体質を根本的に見直す力がないところにあるだろう。清酒でいえば、それを飲む人たちの嗜好の変化にも鈍感である。福光さんは、その市場への対応から、いち早く純米蔵宣言をしたわけである。次に売れるものは何か、売るべきものは何か、という真剣な問いかけから出発したのである。

そこですね。生活の必需品か嗜好品か、ということ。この二つの切り口だけで、もう答えは出るわけでね。必需品ならば安く売るしかないし、嗜好品であれば高くても売れるんですよ。純米化は、当然、嗜好品であることにお応えできる品質保証から、未来を語る夢につながっていくじゃないですか。農業の問題から、いろいろ、さまざまな。アルコール添加では、その世界には絶対にいけない。今でも業界はそこで止まっているんです。

市場の変化をどう感じるか。これはきわめて重要なことだが、福光さんの場合は酒販店からであった。酒を売る人と買う人の出会う場所の変化にこそ、次の市場の予感がする。視る目、聞く耳がある人にとっては。ここが別れ道なのだ。下降と上昇の道の。

私は、日本酒市場が衰退期に入ってから会社を継いでいるわけです。おかしいなあと思いながら悶々としていたんですが。ある日、小売りの酒屋さんに挨拶に行った。「最近どうです？」と聞いたら、「いやー、調子悪いんや」と。「たくさん飲むお得意先のお爺ちゃんたちが、立て続けに亡くなった」とおっしゃる。そのとき、これまでの顧客に頼っていたらダメだなと思いました。じゃ、次は誰かとなって、もっと若い人の開発をとなるけれど、残念ながら大企業のマスマーケティングに全部やられて。サントリーのウイスキー、キリンのビール、タカラの焼酎とか。日本酒造組合中央会でもいろいろ手を尽くしたが、ムリだったわけですよ。

日本酒造組合中央会
酒税の保全及び酒類業組合等に関する法律に基づき、一九五三年に設立された。酒税の保全および酒類業の取引の安定を図ることを目的とする。

酒販店から昭和の風景が消えていくのだ。私の少年時代、そのころの老人側に立っていうと、酒を飲みながらテレビの大相撲を見ることが唯一の楽しみであった。それに相棒がいれば、碁や将棋があったし、町であれば、酒屋での立ち飲みも一般的であっただろう。

私の父親は朝から酒であり、豆腐屋ということもあって、夜明けになると仲間が集まってきていた。彼らは一升瓶を持って、厚揚げ用の豆腐を半分だけ揚げたのを肴にする。これが絶品であった。自分がその年代をこえた今、何という贅沢な時間であったことかと思うのだが、当時は寒村の貧しい情景として受けとっていたのだ。

級別制度の廃止

四十代までの私は、二級酒一本であった。転職を重ねて、収入が不安定。現在とちがって、転職は腰が軽い男と見られる時代であった。それに建築設備関係からコピーライターもどきに変身するわけだから、力量不足もあって、貧しかった。情けないかな、ヤケ酒をあおる日もあった。日本酒には、特級・一級・二級の等級があって、私は二級酒党にならざるをえなかった。だから、福光屋の仕事に参加したころ、特級酒のラベルがまぶしかったし、酒蔵界隈のおでんの「若葉」や寿司の「千取寿し」で一級酒を飲めただけでうれしかった。二級酒との風味の差がわかった

若葉
一九三五年創業のおでん屋。福光屋の並びの石引商店街にあり、「おでん、どて焼、茶めし」と書かれた暖簾には「福正宗」の文字がある。

千取寿し
一九五三年創業の金沢を代表する寿司の名店。金沢市石引。

かどうか怪しかったが。

級別制度がなくなったことも、われわれの業界の大転換期だった。級別があったときは、シェア（市場占有率）がすごく効いたわけですが、それが効かなくなった。というより、シェアの多いものが減るという話になって。級別制度の廃止は、多様化を象徴していると思うね。

それでは、うちはどうするか。先代の時代は級別だが、先々代の時代は級別のない時代。ブランドがいくつもあったことから、それを参考に、私は「福正宗」のほかに「黒帯」、「加賀鳶」と、ブランドを複数にしていったわけですよ。このマルチブランド化によって、一つ一つの規模を小さくするということをやっているつもりです。

今では昔話になってしまうが、兵庫の灘や京都の伏見などの大蔵が支配していた時代は、それが「都酒」であり、地方の小蔵のものは「田舎酒」であり、好ましくない意味での「地酒」であった。これには正当な理由もあって、地方の酒蔵には技術的な遅れがあったのである。当時、社長

級別制度
一九四三年、清酒は一級から四級の四段階に分類する級別制度が導入され、級別に庫出税が課税された。第二次世界大戦後に特級、一級、二級の三段階に変更、一九九〇年に導入された本醸造、純米酒などの特定名称による分類により一九九二年に撤廃された。

マルチブランド化
福光屋は一九九二年にマルチブランド政策を発表。昭和初期までは旭鶴、松禄、福寿草、万歳など複数の銘柄をもっていたが、級別制度が導入され、銘柄は淘汰された。以後約五十年間、「福正宗」が単一代表ブランドであった。

灘の酒
兵庫県神戸市灘区・東灘区と西宮市は、江戸時代から灘五郷とも呼ばれる酒の銘醸地。沢の鶴、白鶴、菊正宗、剣菱、大関などの蔵がある。

伏見の酒
桂川、鴨川、宇治川の水運に恵まれ、古くから酒造が盛んであったが、秀吉の伏見城築城とともに町が栄えた。黄桜、月桂冠、松竹梅などの蔵がある。

だった福光博さんから、その事情を聞いたことを思い出した。

級別のような制度の変化は、明らかにみんなにわかる変化。だけど、市場の変化の方は、それをどう見極めるかは、経営者の判断だからね。変化をどうとらえるかと聞かれても、よくわからないんですね。そうして、うちの場合、全商品を純米化し、マルチブランドになってきたので、今度は説明することが大変となって。それじゃ、直接、お客さんに説明するようなモデルショップをつくった方がいいとなり、一九九九年（平成十一）に銀座に直営店「ＳＡＫＥ ＳＨＯＰ 福光屋」を出すことにつながっていくわけです。

福光さんの言う通り、市場の変化を読み取る力というものは、妙なものだと思う。関連の書物を山ほど読んでも後付けになってしまうことが多い。直感力には勝てないなと。で、ある日、日常の風景の中に、「コレだ！」というのが視えてくる。何かのネーミングを考えるときも同じ、そのキーワードから、あらためて変化の構造を再考することになる。マーケッターにとって大事なことは、観察力と構想力と思うのだが、時代の風を受け止めるのは、身体力であろう。

社員蔵人と酵母のこと

福光屋は純米酒を志向してから、社員杜氏・社員蔵人に全力を投入していた。これは表から見えない世界である。社員が杜氏となっていくことに、時代の流れを感じる。淋しい気がしないわけではないが、女性が蔵人になっていく状況も現出しているのだ。また昔風の杜氏の跡継ぎもいなくなっていく。福光さんが、そのことを見込んでいたのは、いうまでもない。

全国的には、まだ出稼ぎの杜氏と蔵人がほとんどですが、それを継いでいく若い人たちはいなくなっていく。そうすると、老人の蔵人だけになって、極論すると、だんだん味や香りがわからなくなってしまう。清酒の醸造には、有機化学とか熱力学が関係するけれど、

社員蔵人
現在、全国の酒蔵でもっとも深刻なのが、蔵人の後継者問題。農業・漁業従事者が、冬の閑期に杜氏を中心として酒造りに携わるのが酒造業界の仕組みであったが、高齢化が進み、担い手が減少している。福光屋では人の手をいかした酒造りにこだわり、一九八〇年代から通年雇用する「社員蔵人制度」を導入し、社内で蔵人を育成している。

杜氏
杜氏とは酒造りの最高責任者のこと。造りの技術はもちろんのこと、酒造りの複雑な工程を統率し、判断力、管理能力に秀でた人格者、ジェネラリストであることが要求される。従来の杜氏は酒造りの時期だけ蔵に派遣されていたが、近年は社員杜氏も増えている。

究極は気力だね。だから、しんどいなと思いながらやっている酒造りと、溌溂とやっているのとでは、ちがう。そこはしょうがないよ。だから、ベテランというのは、良い意味でばかり言われるけれど、その先を考えるとね。杜氏や蔵人を社員化しないと酒蔵は、全員、年寄りが造ることになる。社員化には時間がかかる。うちでは一九八〇年代から社員蔵人制度を導入しました。

それは、よくわかる。自分自身の問題として、日々、痛感することだ。哀しいかな、老いるということは五感・六感が衰退することで、凡俗は引退するしかない。ムリに押し通すと、そこには老と若の対話は成立しなくて、むしろ対決みたいな場が生まれるのである。

言われる通りで、出稼ぎの人たちの中に大卒の連中が入っていくと、ぶつかり合いが始まって。作法や技法は教えられん、となる。「お前、何しにきたんや」と。うちは、幸いにも現代の名工にも選ばれた大浦満さんという良い杜氏さんに恵まれて、その人が塾長になって、「壽

大浦　満（おおうら　みつる）
一九三三年福井県生まれ。越前糠杜氏。福光屋名誉杜氏。二〇〇四年に、「永年にわたり、日本酒製造に携わり、特に麹造りや発酵管理の難しい高品質の純米酒について、卓越した技術により、十分な品質を保つことに成功している」として「現代の名工」に選出された。福光屋の全量純米化を指導した。

蔵」の中に勉強会ができた。それで、昔からの人たちの技法と作法を全部ビデオ化し、それに意味があるかないかを解析していった。だいたい八五パーセントぐらいは意味があって、それは必ず身につける、ということをやったわけです。そして、私の時代では全商品を本醸造にすることしかできないかもしれないけど、次の代には純米蔵にしなければと思っていた。ところが、市場の変わり方が速くて、純米化を急がないと間に合わないことになりました。

従来の蔵人たちと、社員の蔵人たちの仕事では、何が変わったのか。経験知を学問知に代えただけではないのか。という嫌味を投げてみたくなる。醸造の分野に限らず、優れた職人衆の至芸が消滅することを許しがたいと思うからである。もっとも、私はそれが至芸であるならば、若い世代は必ず発見するという楽天主義者でもありたい。実際、そのような現場をよく見てきたのである。デジタルの進化からアナログの評価へと、誘発するような人びとの創作を。

壽蔵
福光屋の基盤であり、純米造りの骨格を受け持つ醗酵蔵。福光屋には酒造りを担う「壽蔵」の他、純米大吟醸専門の醗酵蔵「光蔵」、緻密に温度設定された熟成蔵「禄蔵」、福光屋に現存する最古の土蔵造りの熟成蔵「福蔵」、醗酵食品の製造を行う「松蔵」などがある。

うちの場合、圧倒的にちがうのは、微生物そのものを変えたことです。生産や工程の管理は、逆に手づくりへ戻していって、機械は必要最低限だけです。その代わり、酵母が何種類も扱えるとか、すごい酵母が見つかるとか。そういうところにバイオの新しい技術を使っている。ここは専門的なことになるので、昔の杜氏ではムリなんですよ。それで、酵母は、どこにでもいるわけです。それを交配させてもいいし、細胞融合もできる。今は、花についている酵母とか、いろんなものを探しています。結局、酵母が酒を造るのであって、それを工程管理するのが蔵人たち。杜氏がひっくり返っても、逆立ちしても、その酵母が造る酒の本質が変わるわけじゃない。

酵母
酒造に用いる酵母には、よい香りを生む酵母、旨味を増す酵母、酸を多く生む酵母などそれぞれに個性がある。福光屋では約三〇〇株もの清酒酵母をマイナス八五度の酵母バンクに保存している。吟醸酒のほとんどは福光屋が独自開発した酵母を使用している。

杜氏と酵母の関係、昔と今の蔵人のちがいが明確になる。「手づくりに戻していく」という福光さんの言葉から、優れた職人芸は継承されていくのだが、またそうあって欲しいと思うのだが、社員蔵人の世界では、バイオテクノロジーに精通しなくてはならない時代に入っている。

福光屋は、醸造において手の運動へ回帰しながらも、その意味で、最先端を走っている。そして、次の課題に挑戦していく。それは、酒米づくりである。米と水を主原料とする純米酒の生命のことである。いずれ、水もまた問題になるときがくるかもしれないが、ともかく米である。

酒米の有機化ですね。米とその作り方。一部のものは有機認証できたにしても、有機米の作付けが増えない。高く買っているんだけど、作るのが非常に大変だから。うちの酒米はすべて「特別栽培」といって有機の直前までいっているんですが、ほんとうの有機米にしていくには時間がかかるでしょうね。生産者と双方の共同作業になっていくので、おもしろいんだけど、契約栽培をしてもらう農家の方たちにも継承してもらわないといけないし、それは次の代だなと思っています。

大転換という場合、それを好機とするか危機とするかによって、現在の問題のとらえ方が変わってくる。前者で視ると、多様な分野で「共同研究」が推進されることである。福光さんの契約栽培のこと、あるいは

酒米
酒を造るために使う米を酒米（酒造好適米）という。特徴は、一般の主食用米に比べて粒が大きく、米の中心に「心白」と呼ばれる白く濁った部分を有する。心白は、でんぷん質の間に微細な隙間がある柔らかい部分で、麹菌の菌糸が中に伸びやすいため、強い酵素力を持つ麹を造りやすい。稲は背丈が高くて倒伏しやすいため栽培が難しい。

契約栽培
福光屋では生産農家と栽培契約することで、高品質の酒造好適米を安定確保している。一九六〇年に兵庫県中町（現在の多可町中区）と「山田錦」の栽培契約を結んだのが最初で、一九八八年に長野県木島平村と「金紋錦」、兵庫県出石町と「フクノハナ」を契約した。安定供給のみならず、農家と土づくりからともに研究し、より品質のいい酒米を収穫できる。

有機栽培
有機食品のJAS規格に適合した生産が行われていることを登録認定機関が検査し、その結果、認定された事業者のみが有機JASマークを表示することができる。このマークがない農産物と農産物加工品に「有機」「オーガニック」などの名称の表示や、これと紛らわしい表示を付すことは法律で禁止されている。

醗酵食品や化粧品事業のこと。いずれも共同研究の条件が整備されてのことであり、お互いに、それを求める環境ができつつあるのだ。
私は、危機は好機ととらえる何人もの経営者に出会ってきた。それは個人の能力に関わることではあるけれど、彼らの育った環境もあると考えている。福光さんも例外ではなく、その典型ではないだろうか。

特別栽培
その農産物が生産された地域の慣行レベル（節減対象農薬及び化学肥料の使用状況）に比べて、節減対象農薬の使用回数が五〇％以下、化学肥料の窒素成分量が五〇％以下で栽培された農産物。福光屋ではさらに厳しい基準を設け、化学肥料を一切使用せず、有機質肥料のみを使用、農薬はごくわずかに限られた量だけを使用している。

伝統は革新の連続

福光松太郎とは、祖父の名前と同じである。このところ福光さんの表情までが祖父の胸像に似てきた。「名は体を表す」とすれば、福光さんの先進性には、祖父の血が流れていると考えるしかない。

最近、よく言われるんですよ。もともと私は顔の作りが似ている。祖父は、親父の義理のお父さん。親父は四高時代に、祖父の妹の嫁ぎ先である彦根の廣野家から養子に来て、いろんなことを教えてもらおうと思っていたのに、祖父が一年足らずで病死。亡くなってから子供が生まれたから、跡を継ぐようにと思ったんでしょうね。長男の私に松太郎という名前を付けた。それで、三代で継承していることは、「伝統は革新の連続なり」ですよ。戦前、すでにオートバイで配達させていたとか、自転車に氷を詰めた保冷箱をつけて、小さな瓶に冷酒を詰めて配達させていたとか。それも青い瓶だったというんだけど。ある本に祖父の若いときの写真が載っていて、そこに「昭和の風雲児、福光松太郎」と書いてある。そのことについて何も文章がないんだけど、何か変わったというか、新しいことをしようと思っていたんじゃないかな。

私がこれまで取材して出版した仕事では、「父と子」より「祖父と孫」の関係が濃密であった。わかるような気がする。福光さんの気質も、祖父から受け継いだのだ。といって、父の博さんも祖父に負けない革新的な人だったから、福光屋は珍しく三代続いて失敗好きな男たちの経営空間なのである。新しいモノやコトづくりには、失敗は避けられないからである。

失敗は、いっぱいある。ほとんど早すぎた。だけど、それをしておいて良かったと。つまり早すぎて失敗したことの経験があって、次のほんとうのキャッチアップがうまくやれたということ。だから、親父の晩年に二人でしゃべっていて、「お前も俺も新しいもん好きやなあー」と言って、「俺とお前が福光屋におらんかったら、たくさん財産が貯まっとったかもしれん」と。「お互いに無駄使いをたくさんしたよね」という話をうれしそうにするわけ。偉大なる無駄遣い。それが親子共通の認識でしたが、会社の中にそういうエネルギーは伝播していく。だから、誰もやっていないことをやっていくということは、何かあるんだよね。

ナンバーワン・ブランドのあり様がよくわかる。二番手、三番手は、そのムダを省いて、いいところだけを真似ようとする。市場が未熟な状況ではナンバーツー戦略も通用したが、もはや、そのような市場はない。結局、自分で開発する意志がないから、人材の育成も技術の習得もしなくなり、会社の内部環境は沈滞していく。現状に甘んじているうちに、市場から見捨てられていくのだ。
早すぎる失敗はあった。でも、その失敗にめげずに、次に挑戦する。その時間に耐える胆力に、私は感服していた。そして、「また何かやっている」ということ。なぜ、そこまでやるのかと思う気持ちもあったが、経営空間が生き物であることを、福光屋はよく体現している。それで福光さんは「理論と実践」のちぐはぐな関係を正直に語ってくれた。

議論としては、伝統をわきまえていたから革新をしたと説明しがちだけど、それは結果論であって。やっぱりお客さんがどうしたら喜ぶか、美味しいと言ってくれるか、市場に向けた好奇心みたいなものがたっぷりあって、それを行動に移していく。それを続けていくと、気がついたら、今もあの会社は頑張っているねということになって。逆に、周りをみると、それをあまりうまくできなかった企業が衰退しているね。まだいいキーワードが浮かばないんだけど、文化的遺伝というのかな。何かそういうものがあって、たとえば金沢市民の中に江戸のＤＮＡを感じるみたいなこと。江戸のクリエイティブみたいなものを自負して持っていて、それがうまく継承されていることが一番大事なことで、それを整理してしゃべると「伝統は革新の連続なり」で、実は「革新の連続が伝統だ」ということですよね。

祖父の松太郎さんの新しいもの好きという言葉につなげると、博さんが私に言われたことがある。つまり、「時代というのは、若い経営者がおもしろいと思ったら、それが時代なんやわ。反対に、時代にどうしたら適合できるかというのは、私らの年代や。だから、おもしろい時代やという人を経営者にせんとアカンのや」と。これは名言だと思う。経営と時代の関係において。

私が関わった家業は、ほとんどが老舗といわれる企業であった。金沢には「金澤老舗百年會」という団体があるけれど、そこに参加している企業である。もちろん、創業や起業に無関心ではないが、本書では、何代か続いている家業にしぼっている。そして、私の業務のテーマは、その継承と再生である。

金澤老舗百年會
金沢で商いを始めて三代以上、百年を超えて市民に親しまれ愛されてきた「老舗」が相集い、創業の精神と街を愛する心を未来に生かし続けようと、一九八四年に設立された。

創業はゼロから新しいことをするわけで、非常におもしろそうにみえるけれど、大変だと思う。それに比べて、うちのような家業は、これまでやってきたことを革新していくことが仕事になるんだよね。与えられた条件の中のリノベーションみたいなこと。会社が続いているのは、その分野にマーケットがあるということ。でも、人は死んだり生まれたりしているわけで、その変化にどのように対応していくかでしょ。創業の方には「伝統にとらわれない」という意味でのおもしろさがあるでしょうが、私には伝統と革新の両方があっておもしろい。うちの場合は、「お酒を造る」というのを、「お米を醗酵させる」と定義し直して、その範囲の展開をしている。だから、突然、うちがホテル事業を展開するということは、多分ない。

福光屋の「伝統は革新の連続」という思想は、このことを単純明快にしたものである。その上で、事業領域をどうするのか、という新しい戦略の設定が出てくる。醗酵食品や化粧品事業への進出も、そう考えると驚くことではない。むしろ、自然に、であろう。しかし、すべてを自前でやらないところがポイントである。いかにも福光さんらしいと思う。

家業のスケール

私はクライアントを共同研究者と呼んできた。あるプロジェクトを成功させるには、互いの能力を最高度に発揮させるための関係の構築が不可欠となる。これはまた、事業の規模にも関係することだ。それで、曖昧な表現だが、家業は小さくていいのだと思っている。その上で、事業を拡大する場合の方法は、共同研究者を増大させていくことであろう。双方が経営思想を共有できることを前提にして。

清酒以外にいろんなものを創り出しているけれど、自社でやっているのは醗酵の部分だけなんです。その生産も研究も集中させて。全部、自前でやろうと思ったら、大きな工場が必要になったりして、意味的に酒蔵でなくなってしまうんです。幸いに、今は他社との連携で、そういうことができるようになったから。で、その共同研究が成立する規模ですよね。会社によって、業種によって、収益力によって、ちがうと思いますけど、やっぱり社員が一〇〇人くらいじゃないですか。異分野の人が必要となって採用するときに、そこそこの規模でないと。それで、うちの商品は嗜好品と定義をすると、特定の層に美味しいと言われないとダメで、それが生産量を決めるから、今の規模ぐらいでいいのかもしれない。マスマーケティングの商品になってしまうと、美味しく感じなくなっていくからね。

私は作り手と使い手の間にも共同研究が始まっていると感じているが、福光さんもまた、自分が楽しみ、顧客も楽しむという市場を想像してのことであろうと思うのだ。その意味で、市場は創造されるものであり、つねに変化という次の欲望の芽を咲かせているのだ。

少なくとも、一ユニットはあまり大きくしない方がいい。何ユニットかあって並列でやってもいいけれど、一つの図体がでかいと難しい。パナソニックとかシャープを見ているとわかるでしょ。だから、周りにいるいろんな会社を協力関係のアライアンスにして、その集合体をつくるのが一番いいと思う。自分のところで丸抱えする必要はまったくないし、抱えたとたんに世の中が変わったりするわけですから。だから、コラボレーションとかジョイントとか、そういうシステムやアイデアをもっと駆使したらいいと思う。そして、出島さんの言う共同研究は絶対に大事。ところが、外の人とうまく仕事をするというのはずいぶん時間がかかるし、けっこう大変なことなんですよ。

ここが肝腎である。新しい領域に進出するときのキーポイントである。テマ・ヒマかかるから、丸投げにする、あるいは、ついつい自社でやってしまうということが危険なのだ。また、新しい共同研究者の発見ということも難しい課題である。私は経営者同士のネットワークというものが、これから生き延びる上での必須の条件と思う。言い換えると、経営者の互いの思想の水準に行き当たる。自社のスタッフをどこまで見られるかというのも、その水準で決まるだろう。

社会状況が家業の再発見に向かっている。若い世代に限らず、大企業と異なる経営空間に魅かれる人が増えている。景気に左右される部分はあるにしても、あの会社で働きたいという動機に、規模の大・中・小は第一条件ではなくなった気がする。むろん、安全・安定志向で公務員に、というのはあるけれど、ものづくりをしたいとなると。

流動する人材

一〇〇人以下の規模で、おもしろい人がたくさんいるかどうかということです。それぐらいだと、誰が何をやっているかがわかる。五〇〇人を超えたらもうわからない。ところで、都市論になるけれど東京・大阪・名古屋などは、とにかくまだ競争のるつぼですよね。地方は、そこからもう離脱して、競争せんでもよくなったというところまで来ているんだよね。逆にいうと地方は、少しそういう方向に早く到達すべき使命をもっているんだろうな。ただ、東京は情報が集まるから、そこに人材がいることはまちがいない。そこをどういうふうにして変えていくか、ということなんだよね。生き様論とか、気持ち論として、きちんとデザインできるかという話になるわけです。

情報発信を持続すると、それを受信する人、そして交信したい人が出てくる。「発信・受信・交信」の関係も、私の早くのキーワードだったけれど、福光さんの場合、金沢と東京のミセの発信力があるから、おもしろい人が働きたいと言ってくる。最初はモノを買いに来たとしても、そのモノの物語に魅かれて再びミセへ、さらに本社へ、金沢へと。実際、首都圏から地方都市へ、若者だけでなく転職や移住する中高年も増加している。仕事の内容、生活の環境、その他、諸々を考えていくと、「第二の人生」のシナリオはもっと自分らしい何かを、となっていくからである。

少しキャリアのある人が応募してくるんですが、ほとんどショップを通して、うちがやっていることを非常におもしろいと思って、働きたいと。まあ、七割ぐらいがそうですね。圧倒的に女性が多いし、あんまり女性ばかり増えて、先々どうなるかという気にはなるけどね。基本的なリクルート戦略は、理科系は新卒で、文化系は新卒にこだわらない。大企業で四、五十歳まで働いたけど、地元に帰って、小さくてもいいから、という人が来ますよ。入社以来三十年ほど頑張ったのに、突然、その事業部がいらんようになったりして。そうすると、「自分はいったい何をしてきたんだろう」となるわけで、必ずしも地縁がなくても、何かきちんとコンセプトのある仕事をしたくなるんですよ。

かつて、優秀な人材は首都圏に出ていった。ようやく働くことの価値、生活設計ということを真剣に考える時代に入って、地方都市の有力な家業が発見されていく。いいことである。だから、繰り返し繰り返しになるが、家業こそまちづくりの主体といいたい。企業内の地位や報酬だけでは処理できない生命の開花のようなものが切実に感じられるようになってきたのだ。

グローバリズムにあおられて海外進出や企業の買収で巨大になっていくとしても、一つ一つの企業の文化は資本力だけでは創れない。そこに働く人たちのイキガイ・ヤリガイなど、物理的価値を支える精神的価値があってはじめて企業文化が生まれるのだ。オーナーシップというのは、そこを基本の基本とすることである。また、働く人たちも、そこに魅かれ、そこに未来を託すのだと思う。諸々の風が吹いても、自分の主題がある職場で、というように。

社員杜氏二代目

仕込みの終わった福光屋の壽蔵に板谷和彦さんを訪ねたのは二〇一七年（平成二十九）の六月初旬であった。板谷さんは、石川県農業短期大学（現石川県立大学）で土壌肥料学を専攻して、その関連の会社をいくつか受けたけれど、酒造りというのはまったく想像もしていなかった。板谷さんはおもしろい表現をした。「ぼくはタンクに米を入れて、蛇口をひねると酒が出てくるようなものだと思っていた」と。

入社を決めたのは、福光松太郎社長に代わられて、ＣＩを導入したあとでした。三六〇年続いている歴史のある老舗がラベルを一新して、ブランドイメージを全部変える。当時、そのような大胆な戦略の転換をするということは、非常にセンセーショナルなことで、それが入社の動機でした。ぼくは、何を仕事にしようかなと、一年間、大学の研究室に残って考えていました。公務員試験も受かり、農業改良普及員になるのがもっともベターな道かなと。その中で、「酒米を」という話をいただいて、福光屋を受けに来たら、ずいぶん雰囲気が溌剌としていて。実家が天神町で、福光屋のある石引から坂を下りたところ。それも親しみを持てたことの一つでした。

諸々の事情を聞いていると、板谷さんと福光屋の関係には、ご縁としかいいようのないものを感じる。酒神に引き寄せられたのかもしれない。かつて私は「ラベルの向こうに神が棲む」というコピーをつくったことがあるが、酒蔵は当該地の生活文化の象徴として、古社寺と同じ位置

福光屋のＣＩ導入
一九八八年、ＣＩを導入。また、「福正宗」の味・ラベルデザインを一新し、当時の団塊の世代や若い層に飲みやすい味造りを目指す。大規模なキャンペーン「味わい新時代・福正宗」を展開し、イベント参加や酒販店店頭試飲会をはじめ、趣向を凝らした企画を実施した。

農業改良普及員
直接農家に接して農業や生活の改善に関する科学的技術と知識の普及を担当する公務員。

天神町
江戸時代以来、金沢城下から越中南砺地方を結ぶ旧街道へと続く街道沿いに形成された町並で、小立野台地下に沿ってほぼ東西に延びる。伝統的な様式の町家建築が、旧街道らしく小さく曲がる道路に面して軒を連ねている。

石引
小立野台地の中心部にあり町名は金沢城を築くため戸室山より石を曳いたことに由来する。小立野台地には金沢大学附属病院や金沢美術工芸大学、金沢学院大学などがあり、若者が多い街でもある。

にあると思っている。その土地の歴史が埋め込まれているのだ。酒蔵は、私流には「世間」から「世界」へ転位する想像力の発情する空間である。もし詩才があれば、万葉歌人・大伴旅人にならって、「愛酒百首」か「酒蔵百韻」をつくってみたいと思う。

それで、由来は諸説あるけれど「杜氏」という言葉はすばらしい。それを「工場長」としたとたんに、醱酵文化のエキスが飛んでしまうだろう。

お客さまに対しては、安心・安全を提供するため衛生的にしなくてはいけない。その点では、いわゆる「工場」を意識します。一方で、この空間は酒蔵であり、蔵人は社員化しましたけれど、その思想は昔と変わらないんです。だから、蔵で杜氏は一人であり、三役という役職もそのまま。部下である蔵人は全部男性で十五人、二十代から五十代です。それぞれに得意分野があり、いろんなタイプがいます。ぼくらは、昔気質の出稼ぎの方の下でやれたことが財産だと思っています。おやっさんの大浦杜氏は酒造りに入ると、「酒の向こうにお客さまの喜ぶ顔がみたい」とか、「人間は言葉で騙せるかも

三役
杜氏のもとで蔵人を取りまとめる役割で、杜氏の補佐と醪づくりの「頭」、麹づくりの「代司」、酛づくりの「酛屋」がそれぞれの部署を統括する。

しれないけど、麹や酵母は、言葉が通じないから騙せない」と言っていました。そういった姿勢、仕事というよりも生き方を、出稼ぎの方から学びましたね。

社員杜氏はサラリーマン杜氏である。会社に一定の時間いれば給料がもらえるわけで、能登杜氏、南部杜氏、丹波杜氏といった人たちとは根本的にちがうのである。そのプラス・マイナスはあるだろうが、社員蔵人制度は、蔵人のこれまでの労働環境を変えていく。

社員蔵人になって酒質が劣化するわけではない。杜氏や蔵人という言葉が残っていることで、私は彼らの精神は伝承されていくと信じたい。その技術については、むしろ未来に関わることで、より豊かなシナリオライティングができるだろう。そう考えると、私は日本酒は青春期を迎えているといいたくなるのである。

御神光と御陽光

昭和と平成の酒の道をたどっていくと、生活様式の激変を痛感する。むろん、昭和で酒といえば日本酒のことであり、私にとっては清酒の一升瓶であった。そして、ウイスキー、ワイン、その他、諸々のアルコール飲料が手軽に飲める時代に入って久しい。ビールも、従来の国産四大メーカーでケリがつく状況ではない。

さらに、醸造技術が高度化してきたから、マーケットをミクロにしていくと、五〇〇種類の酒も造れるのではないか。一枚の田圃の酒米といっても、陽のあたり具合で味が変わるであろうし、という妄想が働く。

ぼくが幸せなのは、「加賀鳶」でもそうなんですけど、季節商品がとても多いこと。その季節、その年ならではのものを造れますので。酒米でも、兵庫県の日本海側（豊岡市出石町）と真ん中の方（多可郡多可町中区坂本）で契約栽培をやっていますけど、それぞれに米の出来もちがいますから。現在は、レギュラー酒に関しては安定、季節限定酒に関しては、その年ならではの。最近は冷房の環境も整備されて、一年中、酒を造れるように思われがちなんですけど、やっぱり季節によってちがいます。醗酵というのはあくまで自然現象なんです。夏になれば日が長くなるのと同じように、夏には夏の醗酵の仕方がありますし。

冬には冬の醗酵、夏には夏の醗酵、という表現がいい。たしかに、一年中、醸造は可能な時代であり、冬場の仕込みがすべてではなくなった。ましてや、米も土地の事情によって性質は異なるのであり、それを一律に「酒米」といったのでは、何もいわないことにならないか。もっとも、それほど細分化して、その差異をとらえることができるのか。私のようなガサツなものにはムリであろう。

ところで、酒は杜氏をはじめとする蔵人が造るものなのかどうか。福光さんは、杜氏ではないと断言したが、板谷さんの回答はどうか。

麹とか酵母とか、醱酵は自然現象ですので、人間が勝手な思い込みでやるもんじゃない。ぼくらは、それがうまく回っていくように、ちょっと手助けをしてやるんです。杜氏になって五年ですけど、以前はお酒は造るものだと思っていたんです。でも、造っているというよりは、自然に生まれてくる感じ。ぼくには子供もいますけど、お父さんのやれることはせいぜい知れている。母親、女性っていうのはこの場合は酒蔵ですけど、お酒は子供みたいなものなんです。ぼくらは、その中で右往左往するだけのお父さんみたいなもの。ようやく、お酒というのは、生まれてくるもの、ということがわかったところです。

板谷さんにこう言われると、了解の沈黙しかない。たしかに、生まれてくるものなのだろう。しかし、ちょっと手助けをするということの重要性が無視されるわけではない。その「ちょっと」が、子供に与える影響は大きいと思うのだ。

蔵人の朝の風景は神々しさに満ちている。絵画のような、というべきか。宗教画か何かで見た世界のようにも思えるが、板谷さんの描写をそのまま綴ってみる。

朝礼のあとは、その日の蒸米ができあがる前に、酒蔵の神棚と屋上のお社にお参りします。その場は、ぼくは誓いの場だと思っていて、今日も精一杯まじめにつとめますので、と。たとえば冬の大吟醸の仕込みが始まるというときに、お社に立った真後ろから太陽が上がるんですね。自分の影が真っ直ぐにお社に向かって伸びていく。社長に聞くと、「そんなふうに造ってあるから」と。前からは御神光、後ろからは御陽光という形で、一番、パワーを受ける場所。そういうのを体験すると、いろんな力に背中を押していただいて、こういうところにいるんだと感謝の気持ちが湧き出してくるんですよ。

私は、板谷さんの袢纏を着てみた。貧弱な精神と身体には合わないのは承知の上で、蔵人気分を味わってみたいのである。神聖な酒蔵に俗人が紛れ込んでは罪になるが、代々の杜氏たちの魂が棲んでいる場所、それは袢纏にも表れている。大相撲の土俵や化粧まわしにもそれがあるような気がするが、この蔵の原住民は菌であり、人間を超えた存在である。すると、ひたすら祈るしかあるまい。無事に美味しい酒が誕生しますようにと。

旨くて、軽い酒

福光屋はマルチブランドを展開している。それで私は板谷さんに、素人のような質問をしてみることにしたい。たとえば、ラベルやパッケージを変えただけで、それほど中身は変わっていないのではないかと。その中身のちがいは、「自分の舌で確かめろ」と言われそうだが、ともかく福正宗ブランドは、どのようにして開発されていくのかのイロハ学を。

仕込み計画を立てる時点で、これは黒帯になる酒、これは加賀鳶になる酒と、分けて造るんです。まず造りたい酒のゴールが福光社長の方で示される。そこから戻ってくるんですが、米の種類がちがう、磨き方がちがう、あとレシピ、配合ですね。つまり、酒造りが始まる前に「品質設計会議」が行われて、社長から「今年の加賀鳶の極寒純米はこういう酒にしてもらえないか」とか。新商品をつくるときでも、社長は感覚的におっしゃることが多くて、「もっと、ほちゃっとした甘さにしてくれ」と言われたり。それをどうやって実現するか、ということなんです。

味覚の説明を言語でコミュニケーションすることは、かなり高度な表現力と豊かな感受性が必要である。私が社長ならば、どうするか。色彩か、物象か、人体か。ここから限りなく猥褻な想像力がかきたてられるけれど、言語の遊戯を楽しむのはいいと思う。名詞ならば、動詞ならば、形容詞ならば……。いずれにしろ、それぞれの品質を統合するメッセージが、福光屋にはある。

福光社長は、企業目的はもちろん、行動規範も自分でつくられる。それで、ぼくらは助かるんです。たとえば社長が明文化された『職人魂の酒造り』という本もあって、そこから外れていなければ、かりに何か言われても「いや、社長、ここに書いてあるじゃないですか」と。いちいち「あれやれ、これやれ」ってわけではなく、自分らで考えて、自分らで活動していく。それに関して寛容というか。そういう意味では、非常にうまく放し飼いにされているところがあり。その前提には、社長の言葉の表現力があって、そのフィロソフィーにぼくらは救われているんです。いずれ、自分たちで考えて、つくるべきことかもしれませんが。

板谷さんは正直な人だ。福光さんの創作した言葉に、何かあると立ち返っていく。自分が迷ったときに、その言葉に照らし合わせて、この道を行くべきなんだろうということがしばしばあるのだ。データだけで造れない酒造の妙味と思うが、自分のテイストに確信を持てないときは、それらのテキストを読み返すことになる。

酒造りのポリシーは、会社の企業目的にあるんです。「望まれる日

職人魂の酒造り
福光屋が目指す酒造りの理念・思想と、具体的な施策がまとめられた一冊。マルチブランドの展開、各ブランドのコンセプト、研究開発レポートや酒造り用語集、沿革などが掲載されたバイブル的な存在。一九九七年発行。

本酒の美味しさを常に追求し」というのが。蔵のメンバーがいつもそう思っているかどうか、ゴールはどこに向けて行こうかという話になると、究極の目的は、「旨くて、軽い酒」です。先代の博会長がよくおっしゃっていたような。自分たちが造っているものがそうなっているかということ。軽みというのは、単に薄いことではなく、すべてがバランス良く整っていることなんですが。ただ、言葉だけでは通じない部分もありますね。毎日、夕方にミーティングをして、その日、搾った酒を全員で唎酒するんです。で、いろいろな話をして、ああやって、こうやって、の繰り返しですね。

日本酒の業界で、先駆けて全商品の純米化を達成した福光屋の軌跡を追ってきた。社員蔵人制度の導入、酒米の契約栽培化など、私が酒蔵の仕事に入ったころとは、著しく様変わりした醸造空間が構築されていた。今度の取材でも、福光さんから貴重な言葉をたくさんもらったけれど、紙幅の都合で割愛せざるをえない。つねにチャレンジャーであり、フロンティアである福光屋だが、この章を締めくくるにあたって、その基本に何があるのかを記しておきたい。

まったく同じ状態で三十年間続くということは、ありえない。改良・改善しながら、アヒルの水かきのような状態があるから仕事が派生しているんです。アヒルはポワンと漂っているだけに見えるけど、水かきをやめたら、止まるか沈むんだろうし。まあ、鳥は沈むことはないだろうけれど、企業は沈むだろうし、それはやっぱりダメやね。また、跡を継いだということは、何か仕事をしなきゃならないから。人間というものは、そういう毎日の改良・改善はやろうとするだろうな。とくに日本人は。

この福光さんのフレーズは、すべての家業へのメッセージと受け止めたい。地道な改良・改善の裏付けなくして、改革・革新はありえないということである。そして、時代を切りひらく家業にあっては、それぞれの領域でフロンティアがある。それは、福光さんの「伝統は革新の連続なり」という一言に尽きるようだ。

第四章　浅田屋・変貌する老舗

株式会社浅田屋
旅館・料亭・レストラン事業
代表取締役社長　浅田久太
創業一六五九年（萬治二）・設立一九六〇年（昭和三十五）・資本金四五〇〇万円・従業員数二〇〇名
〒九二〇―〇九〇六　金沢市十間町二十三番地
電話　〇七六―二五五―一六八〇〇
www.asadaya.co.jp

料亭旅館　浅田屋

螢屋と金沢国際ホテル

浅田久太さんは、社長就任後、「螢屋」と「金沢国際ホテル」から撤退した。前者は二〇一四年（平成二十六）三月に金沢の箔一へ売却。後者は続いて七月に浜松市の呉竹荘グループへの新設分割譲渡で、久太さんは、雇用契約をすべて引き継ぐことにこだわったのである。

いずれにせよ、業界のみならず、一般の市民にとっても「あの浅田屋が、しかも北陸新幹線開業をひかえて、どうしたのか？」という懸念が強くあったように思われる。とりわけ螢屋に関して、東山の名店の一つであったから、失望感というか残念というか、複雑な気持ちになった人は多かった。私自身もその一人である。

社長に就任して、浅田屋の健康状態みたいなものを冷静に判断したときに、あまりよくないと思いました。社内が疲れているという感じがしたこと。経済的な理由があったけれど、それよりも新しいこ

浅田久太（あさだ きゅうた）
一九六八年金沢市生まれ。慶應義塾高校一年次にカナダへ留学。慶應義塾大学法学部法律学科中退。一九九五年浅田屋入社。二〇一二年社長に就任。金沢・ニューヨーク料理人交換留学事業実行委員長、The Real Japan 石川おもてなし推進協議会代表、金沢市料理業組合会長など。

螢屋
重要伝統的建造物群保存地区のひがし茶屋街に浅田屋が所有していた江戸時代の茶屋「旧諸江屋」を改修し、二〇〇二年に開業した会席料理の名店。二〇一四年に箔一に売却。

金沢国際ホテル
一九九五年に西洋環境開発より買収し、開業。翌年には全館リニューアル。ガーデンチャペルや神殿「白山殿」など次々に新施設とサービスを開発した。二〇一四年、呉竹荘に譲渡。

とをしようという気持ちになれない。ぼくは、やりたいことが溢れている会社にしたかったんですが、とりわけホテルに取られている時間や労力がけっこう大きかったんです。螢屋は順調ではあったんですけど、小さい店に社員を何人も貼り付けないといけなくて。大きい店だと、調理人が十人いるところが一人抜けて九人になっても「補充するまで頑張れ！」でいけるんですけど、四人でやっている店が三人になったら、「頑張れ！」じゃすまなくて。それで大きな店から一人削って、誰かをもっていくということが続いていました。この辺の事情は複雑なんですよ。

螢屋は、私も関わった。建築家の選択やネーミングなど。今、思い出すと、「料理屋では、螢屋のような儚い名前は、一般的にはつけないものなんですが」と言ったのは、久太さんの父親、当時、社長の浅田裕久さんであった。建築家も、裕久さんにムリをいって、あまり知られていなかった長村寛行さんを採用してもらったのである。

金沢国際ホテルの買収については、私は当初からこの計画に反対であ

箔一
一九七五年創業の箔工芸品製造販売会社。創業者の浅野邦子は二〇一六年、経団連の会長の諮問機関である審議員会の副議長に選出された。

呉竹荘グループ
一九四八年創業。浜松市に本社を置き、ホテル・レストラン・ブライダル事業などを展開する。

長村寛行（ながむら ひろゆき）
一九五七年金沢市生まれ。国立石川工業高等専門学校建築学科・豊橋技術科学大学建設工学課程卒業、同大学院修士課程中退。一九九六年に、アーキテクト・オフィス・ストレイト・シープ設立。中部建築賞、北陸建築文化賞、石川建築賞など受賞多数。螢屋で金沢都市美文化賞受賞。

ったから、やはり、こういう結果になったとしかいいようはなかった。チャペルや神殿やイタリア料理の「N36・5」など、金沢のブライダル・マーケットを領導する先進的なプロジェクトが展開されたが、それは浅田屋の領域ではないとの確信からであった。

もう終わっちゃったことをグチグチ言ってもしょうがないんですが、螢屋は、早めに手を打てば良かったなと、最後は思いました。たとえば鰻の専門店とか、鳥鍋の専門店で、二、三人の職人で回せるという店にね。商品展開もあまり考えなくていいっていうのなら、いけてたと思うんです。あそこで会席料理をするという瞬間に、九品をつくるのに三、四人はいるという形態がダメだった。三年前ぐらいに大手術をしていれば儲かっていたんだと思うんですけど。まあ、今でもあの店をやっていたらおもしろかったなって、たまーに思います。とにかく閉店を決めたら、すごく言われました。「困る」「困った」って。「三十間長屋」のときもそうでしたし、金沢国際ホテルでも、そんな声が多くありました。

浅田屋のグループ各店が金沢市民に親しまれている一端を、このようなところにみることができる。常連客というか、グループ各店を回って歩く顧客が多いのであり、それぞれの個性がうまく活かされているのである。

浅田屋の店舗戦略は、実は烈しくスクラップ&ビルドを繰り返してきた。前述の「三十間長屋」もその一店であるが、私の知る範囲でも、いくつもの店が消えている。それを列挙してみる。懐かしい記憶の中の名店として、覚えている方も少なくないだろう。

「ホワイトハウス」、「パークホテル」、「焼肉レストランお寺」、「サントリービアレストラン」、「加賀石亭・六角堂片町店」、「ジョン万次郎」、「カプリチョーザ金沢竪町店」。それ以前に「富士ホテル」、「旅館加賀乃井」もあった。

開店と閉店、買収と譲渡。あるいは業態の変化によるリニューアルなど、浅田屋の事業の軌跡を追っていくと、老舗とは、つねに動態的なエネルギーに満ちていることがわかってくる。螢屋も金沢国際ホテルも、そのエネルギーから生まれて、そして消えていったのである。とすると、いつか「螢屋の再生」はありうる予感がするではないか。

ところで、浅田屋のドル箱といわれる「六角堂」はどうか。この店の「グリル＆バー」は、北陸新幹線開業に対応した拡充プロジェクトである。六角堂は一九七三年（昭和四十八）の開店だから、約四十五年。もはや金沢の名店というより、全国の、といっても過言ではないだろう。六角堂で食事をすることが観光ルートに入っていても、けっして安易なイメージはない。

久太さんは「何か自分の範疇じゃないみたいに不思議な店です。怖いほど好調ですね。狂牛病（ＢＳＥ問題）の年は別にして。それから六角堂は、金沢の焼肉店の人材育成センターになっていますね。独立して失敗した人もいるけれど、ぱっと思いつくだけでも五、六店舗以上はあるんじゃないかな」と言われるが、私もまったく同感である。おそらく「六角堂物語」という、ショップをこえたショップのストーリーが、日々、生起しているのであろう。流行と不易が混在して、一つの生き物のように存在している。植物のような、動物のような。

ＢＳＥ問題
日本では、二〇〇一年に千葉県でＢＳＥ（牛海綿状脳症）の疑いがある牛が発見され、食用牛の全頭検査が導入されるなどの対応がされた。翌年、雪印食品の産地偽装事件が混乱に輪をかけたこともあって、牛肉を扱う一部の食品・飲食店業者・外食産業企業などに大きな打撃を与え深刻な社会問題となった。

老舗ということ

浅田屋の当代は、十六代目である。久太さんは、菩提寺の過去帳で確認できるというが、興味のある方には、直木賞作家・山本一力さんの『かんじき飛脚』(二〇〇五年・新潮社)の一読を薦めたい。主要登場人物の中に、浅田屋伊兵衛(浅田屋七代目当主)、浅田屋忠兵衛(浅田屋江戸店番頭)が出てくる。加賀藩主は十一代前田治脩、老中首座は松平定信である。この大型時代長編の帯のコピーの一部を紹介しよう。

幕府を敵に回した加賀藩を救うため、雪の山を越えて国許へ走る飛脚たち。そして、金沢から江戸へ。行く手には大雪、荒れる海、刺客、そして裏切り。期限は十日——

私は、パラパラとページを追ってみた。再読とはいえ、すっかり忘れていたのであるが、「かんじき飛脚・略地図」を参照しながら読み進むと、

前田治脩(まえだ はるなが)一七四五〜一八一〇年。加賀前田家十一代藩主。六代吉徳の十男。越中勝興寺住職であったが還俗。藩校明倫堂と経武館を兼六園の隣りに創設し、学頭・新井白蛾を京から招いた。

加賀から江戸へ、江戸から加賀への道中の風景が視えてくる。本文には「江戸三度飛脚は金沢から江戸までの百四十五里を、北国街道、中仙道の各宿場を走る。行き先ごとに荷物を仕分ける宿場札は、五十を大きく超えていた」とある。さて、何日で目的地に着くのであろうか。それが冬場であれば？　これは読んでの楽しみとしたい。

目の前にいる優男の久太さんは、この三度飛脚の末裔なのだ。ともかく、浅田屋の歴史は一六五九年（萬治二）まで遡ることができるという。虚実をない交ぜにして老舗の歩みを考えると、家業というものの巨大な力を感じるのであった。

それで、名実ともに金沢を代表する老舗料亭として知られる「つば甚」について、久太さんの意見を求めた。競合社についての質問であるが、彼は金沢市旅館ホテル協同組合理事長、石川県料理業生活衛生同業組合理事長兼会長、金沢市料理業組合理事長兼会長など、公職についているのだから、これくらいのことに応じてくれなくては困るのだ。というのも、近年、金沢の料亭に衰退の傾向がみられるからである。「金沢おでん」の大繁盛の陰に隠れてしまったかのように。

江戸三度飛脚
江戸時代、江戸・大阪・京都を中心に月三度の定期飛脚があり、三度飛脚と呼ばれた。当初は十間町に取扱所があり、後に尾張町に会所ができた。浅田屋の初代伊兵衛は加賀藩から中荷物の御用を命じられ、明治維新まで代々拝命したと伝えられている。

つば甚
前田家代々のお抱え鍔師だった鍔家の三代目が、一七五二年に鍔師のかたわら営んだ小亭・塩梅屋「つば屋」が始まり。文人墨客が訪れた金沢でもっとも古い料亭。金沢市寺町。

つば甚さんは、安定している感じが一番ありますね。料理人や仲居さんの数もすごく多いですし、お客さんとして行ったときに安心です。女将さんが、料亭の女将連中の中でトップになっていますね。乗りに乗ってる気がします。おかげさまで十間町の浅田屋もいいんですよ。新幹線やミシュランなどの影響が何らかの形でちゃんと出ている気がします。で、元気なところと元気じゃないところと、はっきりしてきましたね。銭屋さんは、むろん元気です。店主の高木慎一郎さんは、農林水産省から日本食普及の親善大使に任命されて、世界中を飛び回っていますよ。

銭屋　一九七〇年創業の日本料理店。金沢市片町。二〇〇六年、ひがし茶屋街に「十月亭」を開店。高木慎一郎は二代目。

つば甚の当代・鍔一郎さんにも聞きたいところだが、老舗の跡継ぎは自分から進んでのことだったのか。久太さんの場合は、「自分がほんとうにしたいことを見つけてきたら、それに集中してやればいい」という父親の言葉に甘えて、十五歳から東京へ、そして留学もしたけれど、結局、何も見つけられなかったのである。それで、ホテル・レストラン・

レジャーランドのコンサルティングと教育事業の会社に就職。その会社のセミナーで聞いたことが転機となったのである。

「サービス業というのは、水商売として長らく蔑まれてきた。日銭やあぶく銭でやっていくような仕事だという社会的地位にいたけれども、そうではない。自分自身の人生と毎日が充実している豊かな人にしか、人の気持ちを豊かにすることができない。自分自身が荒れすさんでいたら、人を幸せにしようなんて思えないから、すごく選ばれた仕事なんですよ」と。セミナーでそういう話を聞いて、なるほどなと。長年、ぼくの目に張り付いていた鱗みたいなものが取れた気がしたんですよね。わりとぼく、自分のことを頑固だと思っていたんですけど、その頑固な価値観を変えてくれたこの会社はすごいと思って、「鞄持ちでも何でもいいので、勤めさせてください」と言ったのが最初です。

子供のころから、ベテランのお姐さんたちや調理場さんたちから「未来の社長」と言われて、嫌な気持ちをずっと抱え込んできた。しかし、金沢国際ホテルの買収を機に、帰郷する。まだ跡を継ぐ明確な意志はなかったというが、私は、これが結論と思う。朝から夜遅くまで、家族よりもいっしょに過ごすスタッフたちとの仕事を通して、また、キャンプや誕生祝いに参加しているうちに、スタッフの子供たちに想いがいくようになる。三十一歳。ついに浅田屋の経営者に立つことを内心に決めたのであった。

内装をどうするか、献立をどうするか、接遇をどうするか、という本来の商品も大事なんですけど、社会の中でいろんな人をお世話するということも、同じくらい頑張らないとダメなんじゃないかと思い出したのが、三十代の後半ぐらい。自分が会社の外に出たときに、「お父さんにお世話になったわ」と、あまりにもたくさん言われたので、自分もお世話する立場にならなければと自然に。だから、父から学ぶというより、世の中の人に教わった感じはあります。金沢経済同友会とか金沢商工会議所とかに顔を出すようになって。「本職だけやってて、世の中のことはどうでもいいわ」というスタンスではダメなんじゃないかとね。それで、前社長にお世話になったからと、お店を使ってくれる人は多いんじゃないかと思います。

父の多様な社会活動が、即、広報活動につながっている。と考えても不遜ではないだろう。それが地域社会の特質である。ただし、マイナスの場合もあるだろう。ともかく、会長から社長へ、親から子へ、手渡されていくプラスの財産の一つが、ここにあるといってよい。

ところで、裕久さんの社長時代、弟で専務の豊久さんとの確執があった。私もその現場を目撃したのだが、金沢の事業は裕久さん、東京の事業は豊久さん、というように分離したのである。ここで確執と書いたのは、私の俗な眼かもしれない。肉親の関係は、他者には視えないところに真実があろう。ということで、昔より今である。

お互いに息子たちの経営の時代に入ったのであり、金沢と東京の間には、新しい流れが生まれているのだ。江戸三度飛脚の血は、双方に流れているのだから、きっと愉快なことがあるにちがいない。

父と叔父さんの間に何かがあったように聞こえたかもしれませんが、実は仲が良いんですよ。ぼくと東京の現社長も。彼は松太というんですけど、すごく純粋に、お客さまの紹介や情報の交換をしたり。「今日、赤坂に行くお客さまは何々が嫌いだから」とか。「金沢に今日行くお客さまは福井の黒龍が好きだから」とか。最近ではITというか、システムのグリーンポスというのをうちが入れたら、向こうの方も「予約システム・トレタは情報がクラウドに上がって使いやすいですよ」とか。そんな感じでやっているんで、ぼくと従兄弟はすこぶる良好な関係なんですよ。

黒龍
一八〇四年創業の黒龍酒造のブランド。福井県永平寺町松岡。

東京の浅田屋伊兵衛商店は、現在、「赤坂浅田」「赤坂伊兵衛」「青山浅田」、さらに「名古屋浅田」「名古屋伊兵衛」を展開している。豊久さんは会長で、長男の松太さんが社長である。「久太に、松太か！」と私は思う。そして、社名・店名に豊久さんの故郷の歴史への感覚が素直に表れていて、好ましいと思うのだった。

浅田屋伊兵衛商店
一九六〇年設立。一九七一年に開業した東京の「赤坂浅田」が分離独立して別法人となる。

そういえば、裕久さんが社長時代に、浅田屋創業三三三年記念事業の一環として、忠田敏男さんの『参勤交代道中記 ―加賀藩史料を読む―』（一九九三年・平凡社）の出版に協力したことを忘れてはならない。

事業拡大への疑問

私のサラリーマン時代は、三十歳までの約六年間だったが、高度成長期ということもあって、売上は右肩上がりに上昇していった。その快感を覚えなかったといえば嘘になる。金沢に本社があり、全国に支店・営業所を開設していく時代であった。

本書の取材でも、私と同年から少し先輩の年代になると、いわゆるモーレツ派で、社員は企業戦士として二十四時間働いたといっていいだろう。「働き方改革」など夢にも思わなかったし、家庭よりも会社という悲しい状況であった。今、〝悲しい〟と書いたが、その当時、そのように思った人たちは少数派であったと思う。

それが徐々に変容してくる。世代交替が進展するにつれ、事業の拡大

忠田敏男（ちゅうだ としお）
一九三二年金沢市生まれ。金沢市立図書館勤務の傍ら史書を調べ、『参勤交代道中記』を著す（第二十二回泉鏡花記念金沢市民文学賞受賞）。他に『加賀百万石と中山道の旅』がある。

働き方改革
安倍政権の政策の一つ。一億総活躍社会実現に向けた最大のチャレンジであり、多様な働き方を可能とするとともに、中間層の厚みを増しつつ、格差の固定化を回避し、成長と分配の好循環を実現するための改革としている。

への疑問が生まれてくるようである。といって、事業の縮小でいいのか、というジレンマの中にいるように思われる。

戦後、一生懸命、日本の復興というか、高度成長で頑張ってきた父の時代は、店舗数が増えたり、客席数が増えたり、来店客が増える、売上が伸びるということが、絶対的な良さとしてあったと思うんですけど、これから人口が減っていく。経済も横ばいから下がっていく中で、求める指標は数が多いことである、という状況は終わっていくだろうなという想いがあって。螢屋や金沢国際ホテルの問題も、そこにあったんです。父が八店舗やったんで、ぼくは十店舗やるんだ、というんじゃなくて、ちがう道を目指していかなきゃいけないとね。それは何だろうな、という迷いもあったんです。そこのところは、ぼくの世代で悩むべき問題で、逆にここを無視して突っ走ってしまったら、おかしなことになっちゃう。

私が関わってきたクライアントも、その問題をかかえている。三、四十代の継承者たちは、前世代が成功者として認められるがゆえに、問題の根は深く強いのである。久太さんの「どの業界を見てもそう。で、そこで結果を出した人たちを父親として持っている息子というのは、みんなぶつかっている問題だという気がします」という通りであろう。

では、どうするのか。数値目標は大事ではあるが、もっとちがう何かが必要である。早い話、社員から「一番になることに何の意味があるの?」と言われて、シラけてしまう状況に直面している経営者も多いのではなかろうか。といって、彼/彼女がだらしないのではない。私はこう考える。魂が入る業務として、彼/彼女に提起すべき何かを経営者は持たなければならないのだ。「魂の震える仕事」。おそらく、自分のために、という発想が第一にあり、それが久太さんのために、浅田屋のために、と重なっていくことであろう。

人材教育のこと

浅田屋は、東山の六角堂が成功したからといって、その第二、第三を展開するわけではない。たしかに「六角堂香林坊せせらぎ通り店」はあるけれど、本格的な六角堂を目指しているとは思えない。やはりグループ各店の独自のメニューとサービスがあって、浅田屋のブランドロイヤリティは保証されている気がする。

つまり、六角堂をさらに拡大して、松魚亭を消滅させる戦略はないであろう。この二店舗に関しては、相乗効果が期待されてのことで、ある日はワインとステーキ、ある日は日本酒と活魚料理という常連さんを想定できるからである。メニューの話だけではなく、建築・環境・サービスを含めて、一店一店のオリジナリティが魅力なのである。

いろんな店があっておもしろいし、意義があると思います。リスクマネジメントという意味で、たとえば狂牛病みたいなのがもう一回やってきたりしたときに、肉だけやっているとポキッと折れて終わりなんですけど、他にもやっているから。でも、これは自分で言うのもヘンですが、石亭を必要とするお客さまがいて、松魚亭を必要とするお客さまがいるって感じですね。だから、店を閉めるとなると、

「じゃあ、どこに行けばいいの？」となって困ると思うんですよね。それだけ大事にされていることに、こちらがしっかり応えなければいけませんが。

たしかに久太さんの指摘通り、ある店が閉店して、たちまち行き場に困るということがある。浅田屋グループ各店の顧客には、そういう人たちが多いように思う。簡単に代替えがきかない何かがある。そもそも「馴染みの店」という存在には、良い意味での生活習慣病みたいなものがあるといってよいだろう。単純に「安心」ということだけでも、その価値はあるのだから。それを店格と言い換えようか。

これはぼくの観察なんですが、金沢の旦那衆は、けっこう甘えん坊というか、ちょっと九州男児に似てると思うんです。実は女性がしっかり仕切っているんだけど、自分たちが殿様みたいなところが金沢の男性にはある。その人たちは、あまりお店を浮気しないんですよね。この店は自分の行きつけだと決めたら、そこでとことん甘えて、あまり変えない。一方、女性客というのは、あっちの店、こっちの店と変化を好むので。だから、男性客のための店づくりとか、女性客を飽きさせないための工夫とか、ぼくの中では棲み分けしながらバランスをとっているつもりなんですよ。

これは当たっている気がする。「男性客はかわいらしいし、ありがたい」という久太さんの言葉は、現実を正確にとらえていると思う。「だから、その人たちを裏切ってはいけないという気持ちは、年々、大きくなっていく」と続けることも本音である。浮気性な女性客を引き留めたり、回帰させたりするのも男性客の役割と考えると、これはなかなかの高等戦術ではないか。金沢の男女ともに、日常の振る舞いの豊かさを表現していると思われてならない。

大事にしようとするサービスの要は人材にあるから、それはどうなっているのか。石川県の経済界では「人手不足が一番の懸念」と叫ばれているけれど、実情はどうなのか。

金沢はホテルブームで、箱ばかり作って勤める人がいないので引く手あまたじゃないの、と思うでしょ。でも、現実には、あるホテルを辞めた人たちの就職先がないんですよ。理由を聞くと、年齢だって言うんですね。四十五歳でダメ。ぼくは、まだまだ若いと思うのに。業種によるけれど、七十歳だっていいと思うんですけどね。うちもそうだけど、「切羽詰まっていない」ということ。それに、マネジメントする側が古い固定観念にとらわれていて、大きな社会の流動性に追いついていないんですよね。だから、ぼくは人材の獲得に本気じゃないという認識です。

さらに深刻な問題が社内環境にある。経営主体が変わったときの幹部社員の処遇である。父が育てた人材が、果たして子の時代の人材になりうるかどうかということである。私の眼には、大きな壁になってしまうことが多いと映る。幹部社員に、若い人たちを育てる力量が、また情熱が枯渇しているように思われる。自分の位置を守ることで十分というように。この問題について、久太さんは私の提言に納得してくれたが、詳細に触れるのは止めよう。

それで、久太さんは父親との対比をしてくれた。人材教育に関しては、一八〇度、割れてしまうのだという。

父はトップダウン。「何でできんのや、アホか！　できんのなら辞めてしまえ！」。父は先代が急逝して緊急性が必要とされるときにリーダーになった人なので、ぼくはいいとも悪いとも思わなかった。もう、これしかなかった。ぼくは、もうちょっと余裕をもって社長になったので、知識や技術は教えないと、社員が知らないままでは可哀想だと思うんです。実際にホスピタリティというか、サービス精神とか思いやりを発揮するには、環境が大事だと思っています。ギュウギュウ追い詰められた状況ではムリですから、できるだけいい環境をつくってあげようと思っているんですけどね。うまく言えないんだけど、「思いやりを発揮しやすい環境をつくる」。それがぼくのテーマかな。

「思いやり……」というのは、いかにも久太さんらしい表現である。トップダウンの裕久さんにも共通するところだが、それが社員の甘えを誘発しないかどうか。男女共同参画というと、浅田屋グループは見事にそれに合致するであろう。女性たちのリーダーシップの開発に、久太さんの柔らかい腕力を期待したいものである。さらに外国人を含めて、国際交流の場としての飲食産業の新しいあり方を追求してもらいたいと思うのである。

浅田屋会のこと

浅田屋には取引業者の集う浅田屋会がある。一年に一度、開催される親睦会みたいなもの。当初は別の目的があったようだが、久太さんの「ぼく、お取引先を縛るみたいなことは好きじゃない」の言葉を信じると、「みんな元気かい?」という寄り合いであろう。

私が注目するのは、その業者数である。年間の取引金額の大小を問わなければ、浅田屋には二〇〇社の出入り業者がある。現在、そのうちの六十社が浅田屋会に参加している。これだけでも多いと思うのだが、飲食産業がいかに地元経済に貢献しているかを如実に示してくれる。

私は久太さんに、会社名ではなく、商品名の一覧表をつくってもらうことにした。私の理論では、「衣食住」のすべてが含まれる総合産業ということを明らかにしたいためである。これもフードピア金沢の構想段階で、「食の宇宙」を構成する要素として、電話帳の分類を見直すことから始めたのであった。

たとえば、交通運輸のタクシー業界であっても、私の判断では、夜のタクシーは食産業に入るのである。機械工業の場合も、食肉マシーンなどの食品機械であれば、当然のこと食産業というべきである。このように見てくると、地元の産業地図が変わってくる。ということを、浅田屋を事例にして再確認したいわけである。

魚屋・肉屋・八百屋・酒屋・米屋・乾物屋・果物屋・珍味屋・淡水魚屋・漬物屋・蒲鉾屋・佃煮屋・珈琲屋・味噌醤油屋・昆布屋・鰹節屋・豆腐屋・玉子屋・製麺屋・麩屋・菓子屋・ケーキ屋・茶屋・

製菓原材料・イタリア食材・輸入食肉商社・カレー卸・韓国食材・人工海水・活魚水槽・ゴミ収集・産業廃棄物・害虫駆除・燃料屋・製氷機・食器屋・漆器屋・割り箸屋・食品サンプル屋・花屋・レンタル観葉植物・置屋・コンパニオン派遣・家具屋・畳屋・呉服屋・座布団屋・染物屋・表具屋・仏具屋・香屋・金箔屋・象眼屋・弁当屋・クリーニング屋・折り箱・包材容器・包装資材・衛生用品・トイレ環境・ユニフォーム会社・本屋・有線放送・設営屋・イベント会社・写真館・音響映像機器・宅配業者・タクシー・カーリース・バス車両・代行・広告代理店・旅行代理店・管工事・電気工事・食肉マシーン・空調機器・建物リフォーム・タイル工事・電気屋・建物クリーニング・建築会社・左官屋・食品機械器具・厨房機器メンテナンス・レジ店舗機器・印刷屋・紙屋・事務用品・病院・メディア・出版社・カタログギフト・ブライダルアドバイス・IT機器システム・人材派遣・電柱広告・自動ドア・演出・エレベーター・判子屋・カード会社・室内装飾・名入れ屋

巨大企業が核となる、いわゆる「企業城下町」というものがある。たとえばトヨタの豊田市、日立製作所の日立市、コマツの小松市。そこにも数多くの企業がひしめいているが、私の都市のイメージは、小さな家業の群化する状況にあり、あえて、それらを「城下町企業」といって対比している。むろん、現在は単純に二つの概念で区分できないのだが、とにもかくにも、小さな生命体が多様に存在する都市はおもしろいと思うし、時代の変化にもよく耐えうると確信するからである。

観光都市・金沢の魅力も、その小さな家業の群の開花にあるだろう。一色の花で埋め尽くされる景色を否定するわけではない。それはそれで見事なものだが、多種多様の小花が咲き乱れるところに妙味を感じたいわけである。一花一花の生命がつくる環境の全体を。百草や万葉という言葉からイメージする世界を。

久太イズム

久太さんの第一回の取材は「かなざわ石亭」の旭の間であった。室内の調度品のこと、中庭のこと、料理とそれに付随するサービスのことなど、諸々しゃべっているうちに、聞き手より話し手に回る悪いクセが出てしまった。しかし、久太さんは「参考にします」と言って、メモを取り出したのである。夏の終わりの昼下がりの静かな部屋で、人材教育に触れていくと、とたんに私は大声になってしまったのである。いつも冷静・沈着な久太さんも、巻き込まれたようである。

ぼくはよく「右腕・左腕がおらんね」と言われるんですよ。何でもかんでも「ぼく、やりますわ」じゃなくて、誰かに任せたりすればと。「裕久イズム」があったから、「久太イズム」でいいんですが。今あらためて、次の時代のうちの幹部社員って誰だろうとか、誰になって欲しいんだろうと思ったときに、ビシッとした人物像がぼくの中にないんです。だから、見つからないし、育たないし、集まらない。自分の中で「ほんとうに必要?」と思ってたところがあって、幹部社員についてては、あまり熱心にやってこなかったんですよ。

私は「ほんとうに必要？」と問う久太さんの言葉にドキッとした。彼の内省の深さに感心したのだ。形だけの組織・人事体制ではない。その弊害をよく熟知してのことなのだ。そして、苦い経験を繰り返したくないという意味である。では、どうしていくのか。私は持論を提案したのだが、ここは発表する場ではない。それから話題は、プライドやアイデンティティの問題に入っていった。

ぼくは、海外に行ったときに、日本人としてのプライドというのはすごく感じるんですよ。言葉は悪いけれど、「チャイニーズじゃねえぞ、日本人やぞ」と。「日本はこんなにいいところがあるんやぞ」とね。そして、日本の中にいたら、「ここは京都ではなく、金沢ですよ」というプライドを持っていて、京都にもコンプレックスは感じないんです。その二つはあるのに、そこから細分化して、最後に浅田屋としてのプライドはと問われると、ぼくの中でゴソッと感情が消えるんですよ。たぶん、意識的に消しているとしか思えないんですが、そこが抜けているんです。

久太さんは、「料理長は外国人でもいいと思う」と言った。日本人だから互いにアイデンティティを感じて安心、というのは虚偽である。それを強化していくと、安易なナショナリズムに行き着くだけだと思う。国籍や人種や民族を問わず、日本の伝統文化を大事にする異人たちは増加している。和食からアニメまで、醸造から和紙づくりまで、「クールジャパン」の本質をとらえているのは、外国人の方であろうとさえ思う。インバウンドに浮き足立っているのは日本人であろう。

浅田屋グループのスタッフに、多様な国の人びとが入ってくることは大事なことである。パートやアルバイトやインターンシップだけではなく、正社員として、生涯の職場として。浅田屋グループだからこそ、その多様な人材の活躍の場があり、裕久さんが店舗開発のパイオニアであったという意味で、久太さんのフロンティアは、人材開発にあるだろう。とすると、幹部社員の教育のテーマも視えてくるのではないだろうか。金沢人より金沢文化を必死に勉強する人たちの中で、何をすべきかは明快になってくるのだ。

料亭旅館・浅田屋

浅田屋グループの核は、料亭旅館・浅田屋である。社名と店名が重なるが、石亭や六角堂で働く人も、浅田屋の石亭、浅田屋の六角堂という意識を強く持っている。私は、それをプライドとしたい。だから、譲渡した金沢国際ホテルがかりに十間町の浅田屋であったら、どうなっていたであろうか。

また、市民にとっては、敷居の高い高級料亭であっても、けっして否定的感情ではなく、むしろ根強い支持があり、未知の有名店という存在であろう。料亭文化を云々するときに、このような事情が出てくる。「一度は行ってみたいけれど……」というわけである。私は、これは非常に重要なことであると思う。

実際、単純に売上や利益だけを考えると、浅田屋は経営者にとってネックの店なのだ。久太さんが効率を追いかけていたころ、裕久さんと議論をして怒られたのも、よくわかる。浅田屋の全社員が「浅田屋を守るために、ぼくらは稼ぐんだ」という空気は、「いつかは浅田屋に行きたいんや」という外の声と符合するであろう。

「そんなに効率、効率っていうのなら、浅田屋は壊して駐車場にするのが一番いい」と父に言われたんです。近江町に来る観光客も多いので、バス専用の駐車場にとね。そのとき、人生、白か黒かじゃなくて、もうちょっとちがう選択もあるなと思って。で、ぼくは北陸新幹線が通った三ヶ月後、五室から四室へ客室の縮小を決断したんですけど、さらに三室にしようかなって。ともかく、ぼくは「旅館・浅田屋を成り立たせるために、他の店があるんです」と言うんですけど。採算度外視とまではいわないけれど、そういう好きにやっている部分がないと、働く側の精神のバランスがとれない。ぼくと母の中では、この店でバランスがとれているところがあります。ここがあるから背筋を伸ばしていられるとか、胸張っていられるとか。

久太さんはインスタグラムやハッシュタグの話をした。わかりやすい。

そして、これによって顧客が浅田屋をどう見ているかの状況は、私の予測した通りであった。石亭・松魚亭・六角堂へ行った顧客は、「浅田屋に行ったわ」というわけであり、その写真が投稿される。それに比べて、ヘンな表現だが、ほんとうの浅田屋の投稿はごく一部なのである。しかし、これは自然なことと考えたい。ここには幻の浅田屋の旅の土産があり、旅人の自尊心みたいなものも表出されているにちがいない。

別の視点がある。トリップアドバイザーのコメントには、「すばらしいお料理と、温かいおもてなし、それにいいロケーション」が必ず入ってくる。歩く旅人である外国人ならば、浅田屋は金沢駅からでも近いと思うはずだ。浅田屋の所在地、十間町とその界隈の歴史については、それこそ金沢を舞台とする近現代の名作に触れてもらいたい。あるいは地元で発行される各種のコミュニティメディアを開くことも、いい思い出になるだろう。

浅田屋から近江町市場は目の前で、金沢城跡、兼六園、ひがし茶屋街、尾山神社、金沢二十一世紀美術館、鈴木大拙館など、観光の名

十間町
寛永（一六二四〜一六四五）以前からの古い町名で、当初の戸数が十軒であったことから、この名がついたという。

所は歩いていける距離にあります。これは旅する人にとっては大きなことなんだと、あらためて市中という場所の価値を再認識しているんです。十間町や尾張町などには、江戸時代の商家や宿場町の面影も少しは残っているし、庶民的な匂いがするでしょ。これは長町の武家屋敷界隈の風景ともちがうからおもしろいし、また、そこへ行くにも近い。ほとんどが歩いて二十分以内にありますからね。

浅田屋を離れて、久太さんに次のプロジェクトの草案を聞いてみることにした。撤退があれば進出もある。ひたすら事業の縮小に耐える浅田屋ではない。むろん、一店一店の拡充はあるにしろ、もっと新しい挑戦のことである。父の時代とその展開の方法はちがってくるにしても、久太さんが狙っていることは何か。父の世代を「不動産神話の人たち」とみる久太さんらしい発想が飛び出してきた。

現在、六店舗のうち五店舗が自社の土地だけど、ぼくの世代は、「不動産持ってなんぼや」という考え方は、あまりないんです。それで、

長町
藩政時代はすべて藩士の邸地で、香林坊下から図書橋（ずしょばし）あたりまでの長い町筋であったところから、この名がついたという。また、藩の老臣長氏や山崎長門の氏名に由来するともいう。

長町武家屋敷跡
T字やL字形に入り組んだ路地は城下町特有のもの。木羽板ぶきの屋根のついた黄土色の土塀や、武士窓のある長屋門が当時の面影をしのばせる。雪から土塀を守る「こも掛け」は金沢の冬の風物詩。

金沢駅前とか繁華街の片町などにテナントで入って、小型のお店を二つくらいやってみたい。次の人材教育のためにも。初めて店長をやってもらうときに、いきなり二〇〇席の石亭とか、三〇〇席の六角堂ではね。そこでマネジメントを学んだり、この仕事の原点みたいなこと。その楽しさやヤリガイとかシンドさとかを、全部、感じられる店ですよね。それで、何年かして経営したい社員がいれば、譲ってもいい。うちは、結果的に大型店ばかり残っちゃって、ちょっと大味なんですよね。それがマネジメントとか人材教育に出てしまうんです。

短期的に、もっと軽い店を開発したいという久太さんだが、長期的には海外への出店もあるという。その仕込みのためというわけではないにしろ、久太さんは海外を回ることが多い。業界の若手を引き連れての役割もあってだが、自分自身の中に、日本人だけを対象とすることに限界が来るという予測がある。だから、おのずから外国人の雇い入れも想定してのことで、アメリカやフランスやイタリアに出かけている成果が、少しずつ形になっていく日が来ている。

すでにニューヨークと金沢の料亭の組合での交換留学も八年、四回目となった。そしてニューヨークの高級レストラン業界では、金沢は食で知られるまちなのである。私が食祭都市・金沢の国際性を言挙げして何年になるか。久太さんたちは、その実践に入っていたのだ。

一期一会

久太さんは海外の和食の状況について語ってくれた。いわゆる和食ブームの一端であるが、日本と中国や韓国の事業の比較でもあった。必ずしも日本人批判ではないが、どうしてその差が出てしまうのだろうかと問うたのである。私も、韓国や中国の人たちのバイタリティについては、工業系のビジネスから教えられることがある。そして、久太さんの海外進出についての話がおもしろい。彼も日本人の一人であることを、もどかしく思っているのかもしれない。

世界的に会席料理に注目が集まっているんですよ。ぼくがニューヨークで会席料理屋とか旅館をやりたいと言うと、「やったらいいよ、スポンサーになってあげるよ」と言う人がたくさんいるんです。でも、なかなか一歩が踏み出せないんです。それで、世界は大日本食ブームなのに、日本が一番乗れていない。これは日本人の謙虚さなのか、気づいていないのか、俯瞰する力が欠如しているのか、それとも何だろうと思っていて。ちょっとモヤモヤ、ヤキモキしているんですね。韓国、中国の人たちはブームにパッと乗りますよ。今、寿司というのは韓国のものになっている。ニューヨークに行っても、ハワイに行っても、韓国タウンに寿司屋がある。韓国人のオーナーがほとんど。もったいないな。

さて、この問題をどうとらえるべきか。食の領域に限定される話でもないであろう。私の手に負えない問題だから深入りはできないが、日本人の海外に出向いた歴史について、少し久太さんにしゃべったのである。久太さんは、「みんなでブラジルに行こうというポスターを見たりすると、すごい時代があったんだなって」と言及してくる。それから、なぜ日本人は内向きになってしまったのかとなっていく。

たしかに身近なところで外国人が和食の店を開くニュースが続いている。それが洋食系であっても、素材は地元産を徹底的に活用するというように。これはよくある話で、外国人であれ日本人であれ、外の眼が、内の眼よりも地域資源を発見する力があるということなのだ。

ところで、久太さんは日々の業務から、何を喜びとして見出しているのかと聞いてみることにした。

ぼくは、お客さまが喜んでくれたときが一番うれしいんです。本来は、従業員がお客さまに「よくしてもらったよ」って言われたときにうれしいと言わなきゃいけないんですけど。ぼくは、まだ幼いっていうのか、直接言われるとワクワクするんですよね。そして、わがままなお客さまとか、難しい顔をしたお客さまとかが、笑顔になって帰られると、この仕事をやってて良かったと。で、結局、ぼくが料理したり、掃除したり、お酒を運んだりするわけじゃなく、チームとして総合的に褒められているんですけど。

接客サービス業というのは、厳しい仕事だと思う。すべての行為が日々、刻々と変化するのだから。顧客の心理も生理も、そのときどきで変わっていく。対応する側も同じであろう。ヒトとヒトが向き合う。そこにモノが介在するのだが、基本的な関係は、モノを超えたところにあるからだ。しかし、だからこそ最高の喜びも生まれてくる。ヒトとモノとコトが織りなす三重奏。静的であれ動的であれ、つねに新しいシナリオとステージが進行し、心豊かな余韻をお互いに共有しうるかどうかにかかっている。

こうして浅田屋グループ各店では、「こんにちは」「ありがとう」「さようなら」の言葉が飛び交っているのだった。文字通り、一期一会の世界がある。その一店一店が、市民感覚を醸成する稽古の場であり、発表の場であり、次の邂逅につながっていくのである。それこそ、地域文化のあり様を表象しているであろう。

第五章　高木糀商店・東雲の花街

株式会社高木糀商店
糀・味噌などの製造販売
代表取締役社長　高木　竜
創業一八三〇年（天保元）・設立二〇一三年（平成二十五）・資本金三〇〇万円・従業員数三名
〒九二〇—〇八三一　金沢市東山一—九—三
電話　〇七六—二五二—七四六一
www.takagikouji.co.jp

糀蓋と糀

竜さんの決断

髙木竜さんの父・進さんから「息子を預かってくれないか」と言われた日から何年になるだろうか。彼がどういう意図でそのような気持ちになったのかを問うこともなく、私は毎月、竜さんと会うことになる。奇妙な関係である。

私はマーケッター、プロデューサー、コピーライターとして、多少、醗酵食品に深入りはしてきたけれど、その専門の職人ではない。竜さんに教えることがあるとすれば、醗酵文化に魅かれる理由を話すことぐらいしかないのである。

進さんとの出会いも奇妙といえるかもしれない。髙木糀商店の店主として出会ったわけではなく、事務所の近くのギャラリーで、陶芸の展示販売をしているころに、何点か買ったことが縁となる。つまり、進さんは、糀づくりのほかに、ジュエリーの販売や各種工芸品のプロデュースをしていたのである。

髙木 竜（たかぎ りょう）
一九八〇年、金沢市生まれ。小学校三年から大学四年まで野球に熱中。小中では主将、高大ではマネージャーを務める。大阪学院大学経済学部卒業後、家業の髙木糀商店を継ぐ。味噌蔵や醤油蔵、酒蔵をめぐって糀づくりを学ぶ。

その後、ジュエリーの販売について、「早く止めるべきだよ」という苦言を出すようになったが、生業がいくつもあるという生き方は、私の知友の中では異例である。異能の人というべきか。ともかく彼が私のことをどのようにとらえていたのかもわからずに、竜さんとの勉強会に着手していったのである。

曖昧な目標でしかないが、糀屋の実情を知るために、フィールドワークに出た。竜さんと北陸路を走ってみようとしたのである。結論からいうと、そのとき訪ねた糀屋の主人たちからは、廃業に近い言葉を聞くことになる。後継者がいないわけだ。息子たちは東京に出て帰郷の見込みはないということ。訪ねた店数は正確に覚えていないが、何軒かの様子から、糀屋が衰退する商売であることは痛切に感じた。いったいこれはどういうことなのか。

このフィールドワークから竜さんは何を感じたのであろうか。普段から言葉数の少ない彼に問いただすことはしなかったが、絶望しているふうには見えなかった。むしろ「だからやってみる」という覚悟を決めた遠出であったと思われる。

二〇〇四年（平成十六）から二〇〇五年（平成十七）のころですね。あの時分は、ぼくが商売を継いで、一年、二年目ぐらい。仕事としてはどん底の時期で、どうやってこの商売を盛り返していくか、いろんな迷いがありました。今まで野球一筋でやってきて、初めて新しい世界を見ることができたような経験でしたね。これから醗酵させていくものに大事な起爆剤というか、核になるようなもの。古社寺や史跡など、北陸三県の神聖な空間に入るうちに、自分の醗酵空間をどうすればいいのかというヒントが少しずつ見つかったような気がします。越前大野には、まだ糀をつくっているところがたくさんありましたが、どこも跡継ぎがいないというような。でも、歴史空間を歩いたことの方が、ぼくには大事でしたね。月に一回ですから、けっこう行きましたよ。

竜さんは当時のノートを送ってくれた。その一部を拾ってみる。福井県では、大野市の寺院郡、今立町の大滝神社、福井市の足羽山や一乗谷朝倉遺跡、丸岡町の中野重治文庫、勝山市の白山平泉寺など。富山県では、魚津市の埋没林博物館、高岡市の瑞龍寺や勝興寺など。石川県では、小松市の尾小屋銅山跡、白山市の林西寺、中能登町の石動山、内灘町の米軍試射場跡などである。そして、山や野や海の集落を歩いたのである。

髙木糀商店は、一八三〇年ごろ（天保年間）から続く老舗である。金沢市の指定保存建造物であり、東山界隈の名所の一つとして知られるが、その玄関の大戸をくぐると、外とはまったくちがう風を感じる。そこは生産の場所であり、生活の場所である。私は「家業の原型」というものを発見する。

私自身も、父の一代で廃業となった寒村の豆腐屋の次男であり、父母の作業の場と、家族の暮らしの場とは同一であった。髙木家に比べると廃屋みたいなものであったが、戦後の懐かしい風景としては、村と町のちがいはあれ、重なるところがある。

ここで生まれ育って、将来はここを継ぐであろうと思っていました。でも親父からは、小さいころから「継がなくていい」と言われ続け

髙木糀商店の建物
藩政末期の建築とされる。切妻・平入り形式で間口六間強の大店の構えで、正面は二階の丈が低い典型的な金沢の町家様式。とくに店の正面は柱間に現在でも蔀戸を降ろす伝統的な形式を残す。金沢市指定保存建造物。

ていたんですね。大学の三、四年になると周りが就職活動をするようになりました。自分の将来を考えたときに、他のどんな道で成功しても、家業を棄てることは後悔するんじゃないかと思って。仕事をするならば、家業でやってみたいと思ったのが、帰ってきた動機ですね。他で修業することもなく、真っ直ぐここへ。今にして思うと、親父の偉いのは、「自分は伝えられるものがない」とハッキリ言ったところですかね。外で学んできてくれと。中途半端なことは伝えずに、一切、何も言わなかった。それは、感謝しています。

私は、竜さんはえらいと思った。「家業を棄てることは後悔する」という一言が心に響いた。それで、進さんの言葉もまた強烈である。息子の自主性・自立性を試したと思えなくもないが、本心から糀屋を自分の代で終わりにするということ、伝えられるものがないと言ったことについてである。

近年は、諸々の事情から、そんな例がないわけではない。事業の先行きの不安から、跡を継がせないことも多くなってきたが、進さんには苦悩の決断であったと思われる。しかし、息子は父に逆らって跡を継ぐことになった。その息子の教育係に、偶然にも私が選ばれたのであった。

二人の結婚

高木竜さんと石屋真利子さんの結婚披露宴に招かれた。二〇〇七年（平成十九）四月十五日である。深谷温泉の元湯石屋旅館の大広間に八十人が集まっていた。竜さんは星稜高等学校の硬式野球部に所属していたので、山下智茂監督とチームメイトもいた。この石屋旅館の創業は一七八九年（寛政元）、金沢市郊外の閑静な環境の中に、二つの能舞台をもつ由緒ある宿である。

糀屋の跡継ぎと旅館の娘（次女）の出会いは二〇〇六年（平成十八）、フードピア金沢の石屋旅館の食談会場であった。私はフードピア金沢のプロデューサーから離れていたので状況はわからないが、食談の場が二人を結びつけたことは、何か格別のことのように思うのである。

星稜高校といえば、プロ野球の選手を何人も輩出しているが、そのト

元湯石屋
一七八九年創業。加賀藩の重臣、前田土佐守が開いたといわれる歴史ある深谷温泉の湯宿。植物起源の有機質を含んだモール泉で、泉質はナトリウム―炭酸水素塩泉（含重曹硫黄泉）。一九一七年に六代目が普請した能舞台のある老舗旅館として有名。

山下智茂（やました　ともしげ）
一九四五年生まれ。駒澤大学卒業後、星稜高等学校教諭、野球部監督となり、甲子園春夏二十五回の出場、数々の名勝負を繰り広げ、名選手を育ててきた。監督引退後も高校野球の発展に寄与。星稜高等学校野球部名誉監督、甲子園歴史館顧問。

ップが松井秀喜さんであろう。竜さんは、その道に進む気はなかったのか。「実力があったとしても、ドラフト四位か五位くらいであれば、糀屋の方がいい」。これが彼の回答であった。

野球の道は棄てたものの、グラウンドで鍛えた身体は、糀屋の手仕事に活かされる。私は、ときどき彼の作業の現場を観察することがあり、いかにも天職であったという気がする。身体の動きが何ともいえない。自然な感じがする。土間で杉桶を洗う竜さんの振る舞いに見とれてしまうのである。同じ手仕事といっても、工芸品の創作の風景とはちがう。数多くの工房で多種多様な創作の現場を見てまわった経験からして、この風景は漁師町で働く人びとに近いと思ったのである。

そんなに深く考えたことはないんですけど、とにかく肉体すべてを使って作っているときに、糀といっしょに気分が高揚してくる感覚。それで、仕込みの終わったときの何ともいえない安定感ですかね。働くという行為がものすごく気持ちいいというか。それが手仕事の良さじゃないですか。継ぐときは、味噌なり糀なりの魅力をそこまで理解していなかったんですけど、いろんな方に出会っていく中で、あらためて自分の携わっている糀という素材が偉大なんだなということが、日に日にわかっていったというか。糀の力強さに感謝していますね。

二人が結婚したころの髙木糀商店の経営状態は好ましいものではなかった。私は仕事に入るとき、財務について問うことはないから詳細は不明にしても、それこそ空気で感じることである。真利子さんは、その実情を知らないままに嫁いできた。小さな家業を切り盛りしていく出発は、生活の安定よりも、ともに働くということであろう。若いから何とかなる、ということでもあろうか。

竜さんが銀行マンやったら、つきあっていなかったかもしれないですね。ただ、糀屋さんがステキと思ったわけでもないんですが、商売屋というところにすんなり入れたんですね。それも中途半端に大きな企業ではなくて、毎日、商売をしているという実感の中で仕事ができるのがいいなと思います。醗酵食品がブームになってからお嫁に来たんじゃなく、この地味な職種を継いだ人のところに、という自分の決断はまちがっていなかった。今となっては、竜さんも私も、先見の明があったかな。

醗酵食品、中でも糀が注目され、一気に二人の仕事は人気商売になっていく。「糀屋の嫁」は、真利子さんの友人たちからも羨望の目で見られるようになる。といって、金沢の糀屋が増えたわけではない。糀専門店として唯一というのは変わらないのである。

私は、年に一回、二人と修学旅行に出て、旅のレポートを書いてもらうのだが、真利子さんの作文は及第点以上である。どこで学んだのか。おそらく天性の資質であろうと思うけれど、竜さんが生産担当の〝内の人〟、真利子さんが販売担当の〝外の人〟という関係が成立している。販売には広報という役割があり、話し言葉であれ書き言葉であれ、真利子さんの領分である。

私は、作ることも売ることも手仕事と考える。専門領域が設定され、内部と外部の専任スタッフが担当するシステムではないところに、髙木糀商店などの小さな家業の良さを感じる。

竜さんの支援者

竜さんの修業をより有効にするために、丸八製茶場の丸谷誠一郎さんを介して「良い食品づくりの会」に入会を勧めた。私の狙いは、丸谷さんと竜さんが接することにあった。最良の経営者こそ、最良の教科書と考えるからで、「加賀棒茶」のブランドを確立した丸谷さんの言動に触れることが、どんなにすばらしいことかと思ったのである。

竜さんがこれまでお世話になった人たちの中でも、丸谷さんは特別であった。冬季限定の「かぶら寿司」が現在の高い評価を受けるまで支援を惜しまなかったことだけでも、すごいことであろう。

良い食品づくりの会は、昨年(二〇一七)の四月に退会しました。そこでは、食品を扱うに関しての一般的なこと、衛生面などの知識を

丸谷誠一郎(まるや せいいちろう)
一九四六年生まれ。慶應義塾大学法学部卒業後、丸八製茶場に入社。一九八七年に五代目社長に、二〇一三年に会長に就任。

加賀棒茶
金沢・加賀で普段に飲む番茶といえば、茎を焙じあげた棒茶を意味している。丸八製茶場の加賀棒茶は、新茶である一番茶の茎の焙茶。

かぶら寿司
切れ込みを入れたカブラを塩漬けにし、同じく塩漬けにしたブリの切り身と、細切りにしたニンジンや昆布をカブラに挟んで米麹につけ、発酵させたなれずし。独特のコクと乳酸の香りが特徴。石川の冬の味覚として贈答用が多く、家庭用にはダイコンとニシンで漬けるダイコン寿司が好まれる。

学びましたが、丸谷さんとの会話こそが、ぼくにとっては勉強になったんです。あの会には、丸谷さんを超えるような人がいなくて、丸谷さんが出席しなくなると、魅力がなくて辞めたんです。新潟の加島屋さんでやるのが多かったですね。五年間ぐらい同行させてもらって、丸谷さんが運転する移動教室でみっちり話を聞くことができました。丸谷さんの息子さん（現誠慶社長）が入社されるまでずっと。当時は二ヶ月に一回でした。ぼくが丸谷さんに感じたことは、一文字でいうと「美」。何をするにも、美学に満ちあふれている人ですね。

加島屋
信濃川や阿賀野川で獲れる鮭や鱒などの塩干物を商う店として一八五五年に創業。明治中頃には地元の酒蔵の酒粕を利用した鮭、筋子、鱈の子の粕漬けを惣菜として発売。一九五九年に開発した「さけ茶漬」が大ヒットし、現在に至る。新潟市中央区。

私が竜さんの教師として丸谷誠一郎さんを紹介したことは、大成功であった。丸谷さんにとっても、自分の息子と同じような気持ちで対応したのであろう。いや、もっと本気であったであろう。父親と息子の関係は微妙なところがあり、他人の息子だからこそ、対話が成立することが多いようだ。いずれにせよ、この時期の竜さんは、丸谷さんから生涯の恩恵を受けたのである。この件は、真利子さんにも聞いてみよう。

かぶら寿司に関しても、ブレがないなあって。毎年、必ず同じだけ注文してくれるというその姿勢が、私たちに、追いついていかなければならないという緊張感をいつも持たせてくれる。それをすごく感じますね。しかも、完成したものを人に配るのとちがうわけだから、応援してくれているという気持ちに応えなければと思います。私が嫁に来たときでも、まだまだ発展途上の商品、値段だけが高いというような、心苦しいような気持ちでつくっていたのを覚えています。それは、うちの規模ではすごい量でした。

さらに、竜さんは「最初にお会いしたころは、他の経営者とのちがいはわからなかった。でも、時間が経つにつれて、丸谷さんがどんどん偉大になっていくことに気づきました」と言う。

丸谷さんの竜夫妻への応援の話は知っていたけれど、いかにも丸谷さんらしいと思う。竜さんの、まだ未熟なかぶら寿司の責任をとる丸谷さんの思想に対して、贈られたみなさんが評価をするわけである。そして、竜さんは見事に応えたのだ。もはや丸谷さんの応援がなくとも、竜さんのかぶら寿司は、冬の人気商品として量的にも定番化されているが、丸谷さんは、打ち切ることはないだろう。

丸谷さんには地域と家業のあり方についての明快な思想がある。私の知る範囲でも相当のプロジェクトに資金提供をしているが、その内容については口外を禁じられている。これは社業が盛運にあるからできるということではない。そして、私は何度か「若い人材の育成には協力したい」という言葉を聞いたのだが、竜さんは、その一人に選ばれたのである。丸谷さんの社外へのこの目配りは、家業のあるべき軌範をつくっていくように思われる。竜さんも、いつかその位置に立つ時代が来るだろうと私は予測したい。

冬場の味噌教室

高木糀商店では、金沢ではまだ寒さが厳しい二月、三月、週二回の「楽しいみそづくりの会」を開催している。竜さんがつくる味噌の評判が良くて、口コミを通して参加する人たちが年々、増大している。一度、その教室をのぞいたとき、子供連れの三、四十代のお母さんたちに注目した。自分の手でつくってみたいという動機があってのことと思うけれど、毎年来られる人がいるから、竜さんとの対話を楽しみながら、この独特の土間の作業場に魅かれてというべきではないか。

ものの生まれる場所に入っていくこと。かつ、その場所で、自分もつくることの一端に加わること。作る人と使う人との新しい関係である。

二〇〇九年（平成二十一）からです。九年連続で来られる方もいらっしゃいます。お客さんは何を求めているかな。ぼくのつくる味噌をちゃんと認めてくれるだけじゃなく、そういうものができてきた長い歴史を体験することを望んでいらっしゃるんですね。ぼく自身も、そのために教室をしているんですよ。この空間や杉桶、糀蓋などの古い道具を使うことも魅力なんでしょうね。

竜さんに続けて、真利子さんが話してくれる。

糀蓋
糀づくりの工程で、糀を小分けにして広げるための道具。高木糀商店の糀蓋は曲げわっぱの器で、創業当時から使っている。現在、この糀蓋を作る職人がいない。他にも米を蒸すために使う木桶や和釜、竈などの道具を大事にしている。

ここでつくると美味しくなってる、と言われるんですよ。それに子供に体験させたいとか、自分でつくりたいとかね。その自分でつくった味噌を友人に分けてあげたいとかで、参加する人が広がっていくんですけど。気軽にできて、この作業場がおもしろいとなって。

この教室のいいのは「気軽さ」にあるといえるようだ。竜さんと真利子さんの人柄である。そして、かつては家庭でもつくられた日常の暮らしの必需品だが、今は健康と安全のために、「もっと厳しく」という発想もある。原材料を徹底的に厳選する方法だ。生産規模の問題もあってのことと思うが、有機農法による契約栽培など、二人はそこまで追求しないのである。

「すごくストイックに完全な無農薬の材料にこだわっているわけでもなくて」と真利子さんは言う。でも、自信を持って選んでいるのだから、この普通の感覚を、私は大事にしたい方である。むろん、原材料の問題は竜さんにとって次の挑戦の課題になっていくことであろう。

工場と工房

私が丸八製茶場の「茶房一笑」のプロデュースをしたころは、まだ東山界隈は現在のような殷賑をきわめる場所ではなかった。そのころ、すでに生活空間が観光空間に変貌することへの批判もあったし、一方で廃墟からの離脱という考え方もあったのである。どこのまちづくりでも意見の分かれる問題であるが、花街が商店でびっしり埋め尽くされる状況は想定外でもあった。

そして、京都の祇園界隈が似たような風景を現出しているが、花街に限らず、伝統的建造物群の発見、裏返すと歴史的な風景の喪失ということを考えていくと、現代社会の精神の飢餓というものを感じることになるだろうか。

ともあれ、髙木糀商店は、商店ではあるけれども、その地域に根を生やした生活の場所であることが、特異な存在である。あらためて、そのように言うべきところに、職場と住宅の新しい関係が問われるであろう。

茶房一笑
丸八が直営するカフェ・販売店の一つ。金沢屈指の観光地ひがし茶屋街のメインストリートにある茶屋「船橋屋」を一九八七年に購入、一九九四年に茶房一笑として開業。店名は元禄期の加賀藩を代表する俳人・小杉一笑に由来し、店内にはギャラリースペースもある。

普段、格別に気にも留めないことかもしれないが、いわゆる町内会の住民として商売をする意味の大きさを、私は再認識しているのである。

高木糀商店は、竜さんが社長、真利子さんと両親の進さんと篤美さんの三人が社員。繁忙期にパートやアルバイトの女性が入ってくるけれど、家族だけの経営組織である。法人化したのは二〇一三年(平成二十五)。定期的にマーケティング会議を開催し、重要な問題を五人で議論してきた。私はその会議のコーディネーターである。レジュメはつくるけれど、四人それぞれの考えを聞くことが主眼であった。

午前中の会議が終わると、その場で篤美さんの手料理の昼食となる。社員食堂ではない。毎日の高木家の食事の場である。その雰囲気の心地よさに、他のクライアントの会議室とはちがう風を感じる。台所文化をそのままにというわけだが、竜さんのつくる商品にふさわしいと思うのであった。

新しく大きな工場を建ててということは一切ないですね。ぼくが経営者として、職人として、すごく充実感を覚えているのに、それを他人に任せてどんどん商品を作って売っていくことには、意味がないような感じがします。なので、これからの十年で考えても、一人増えるかどうかという程度のことです。商品の種類も増えていくことはまずないと思いますし、むしろ逆に減っていく可能性の方がまだ大きいと思います。ただ、もう一人の職人さんについては、ずっと思っていることですが。

竜さんは、一人の社員の採用に躊躇している。この話が出て数年になり、金銭的な問題は大丈夫と思うのだが、気持ちの整理がつかないようである。私は一日も早く、とハッパをかける。金沢の糀職人が竜さんの下から出て欲しいのだ。また、教える立場になることによって、竜さんの糀匠としての人格がもう一回り大きくなることを期待してのことである。

事業の拡大は目標としないが、人材の育成は、彼自身を鍛えるために必須の条件であろう。そして、「気持ちの整理」と書いたのは、他者を迎える心構えと言い換えていいだろう。竜さんは、商品が売れるようになって、苦悩し始めた。「これでいいのか！」ということである。次のものづくりに入らなければならない局面に立ってしまったのである。

今の自分を破壊してくれる何かがないと、もう一歩前に行けないということをすごく感じます。家族が増えてきて、自分の生活に少しゆとりができて、現状を守りたいというところにも問題があると思って。この仕事に入ったころは無我夢中で、自分が生きていくために必死だったし、自分のものづくりに魂がこもっていました。今は、そうじゃないというのではないけれどね。それで、ぼく自身が年上の偉大な杜氏さんに学びに行くというのではなくて、自分を訪ねてきてくれる若い人がいるような気がしているんです。どこかにすごい人材が、ぼくとの出会いを待っているというか。

私は竜さんに修学旅行を勧めてきた。日本の同業他社をめぐるのではなくて、醗酵文化を世界の各地に求めていくようにと。必ずしも糀に直結しなくてもいいとさえ思う。そのたとえとして、ゴキブリを叩き潰す国もあれば、ゴキブリがご馳走の国もあるんだからと。異文化を訪ねると何か新しい発見があるはずで、その現場に踏み込んでみると、次のヒントがあるだろうと。

振り返ってみると、一番経営が苦しかったころにつくった味噌、そのときに仕込んだ「三年味噌」というのがあるんですけど。まったく知識もなく、醗酵食品の勉強もしていないころに必死でつくった味噌が、とんでもなく美味しくなったことがあって。その後、勉強を積み重ねてきたのに、それより美味しいものをつくれていないというのがあるんですね。そこが難しいというか、今、超えられていないところが苦しいですね。

三年味噌
髙木糀商店では、杉桶で仕込み三年間熟成させる。加熱殺菌等をしないので、天然酵母や乳酸菌が生きている。

竜さん夫妻には三人の子供がいる。正太郎（九歳）・ひかり（七歳）・はづき（一歳）。まだまだ遠い日のことになるが、この中から誰かが髙木糀商店を引き継いでいくのであろう。両親の働く姿を見ながら、彼らは育っていく。

次ページの文章は、竜さんが私といっしょに作文したものである。こ

高木糀宣言

環　境

私たちは、原料の力だけでなく、それ以上に醗酵の力を重視し、そのために健全な生産環境の創造を第一に考えています。そして、地域に根ざした家業の醸し出す風景を、より充実したものにしていきます。

歴　史

私たちは、創業180年の歴史を支えてきた先人に感謝し、それを踏まえて現在の成果を問うこと、さらに未来を描くことに価値をもとめています。暖簾という信用を次代に手渡していきたいと思います。

技　術

私たちは、日本の食文化の基本にある糀の生産技術を継承し、さらに豊かな展開を追求していきます。そのために、関連機関との共同研究やお客様との対話を通して、時代の要請に応えていきます。

道　具

私たちは、生産道具にこだわります。それ自体が伝承すべき技術の結晶だからです。その一つが杉桶で、丁寧につかうと百年に耐えるものですが、職人さんが減っていく状況にあり、それを守りたいのです。

価　格

私たちは、お客様に適正な価格で提供することを心がけています。一時的に売れる状況があるからといって、迎合はしません。価格は、お客様との信頼を維持する基本条件と考えるからです。

平成25年10月7日

株式会社高木糀商店
代表取締役　高木　竜

こに転載するのは、三人の子供たちへのメッセージでもあると思うからである。顧客へのメッセージは、家業にあってはそのまま家族へ、であろう。子供たちが言葉を理解するかどうかは別のこと。このような「目標と覚悟」は、日々の作業からにじみ出て、親から子へと伝わっていくにちがいない。

ブランディングのこと

進さんから荒川玄二郎さんが二〇一七年（平成二十九）六月に亡くなったことを知らされた。享年七十。荒川さんは、進さんの展示会の常連の作家であった。そのユニークな書と画は、熱烈なファンを持っていた。私も一度、話したことがあるけれど、すでに病気は進行していたのかもしれなかった。これは駄洒落になっては困るが、荒川さんの「合掌」という書を見たような気がしたのである。あるいは、絵であったか。

高木糀商店のパッケージや配送車などに荒川さんの作品が使われている。「かわいい」「おかしい」「おもしろい」という印象があるが、このよ

荒川玄二郎（あらかわ げんじろう）
一九四八～二〇一七年。下関市生まれ。大学歯学部在学中に出会った河井寛次郎の壷が縁となり、河井寛次郎記念館に尽力。文・書・画・彫像印などを手がけた。金沢では、髙木糀商店、茶房一笑、G-WINGS などで個展を開催。

うなＣＩ戦略というのも、あっていいように思うのだ。バラバラであるのに「しっくり」きているのである。クリエーターではなく、アーティストの作品の強さかもしれない。それを竜さんはどう思っているのか。

玄さんの絵や書はずっと使います。今は変えるつもりはないんです。玄さんを引き合わせたのは親父であるわけやし、自分らの代でどう展開していくかは考えなければいけませんが。親父とは、珍しく今はちょうどいいぐらいの関係で、お互いが歩調を合わせとるんかなと。それに、デザインや生け花をやってもらっている奥村久美子さんとも、どんなことがあってもいっしょにやっていこうと思っています。美意識が高いというか。昔の町名でいうと木町二番丁の幼なじみで、同じまちの空気の中で育っている。親父や母親のこともよく知っているし、性格がわかった上で話ができるんです。

奥村さんは建築家であり、長年、花道にも精進しており、髙木糀商店の花の担当もしている。それに各種のツールやメディアをつくるときの

奥村久美子（おくむら くみこ）
建築家。金沢工業大学建築学科卒業。設計事務所を経て独立後、初めての仕事が髙木糀商店の改修だった。ＮＰＯ金澤町家研究会幹事。

木町
藩政のころ、材木問屋が集まっていたので、はじめ卯辰ノ木町、四丁木町などと呼ばれ、のち、この名がついた。現在の東山一～二丁目。

ディレクターやコーディネーターでもある。私のコピーも、彼女の眼をくぐってはじめて公表されるわけで、怖い人なのだ。

歩いて数分のところに奥村さんの家があるから、竜さんとは幼少のころから気心のしれた関係である。これほど安心して仕事を任せられる人はいないのであり、二〇〇三年（平成十五）に着工した仕事場の改装工事の設計・監理は奥村さんであった。彼女も、この建築物から多くを学ぶことができたのである。「血縁・地縁・知縁」。界隈でこのようなソフトウエアが成立することには、豊かな暮らしを感じてならない。地価とは、知価なのだ。

私からみると、髙木家は個性の強い人の集うところである。進さんのネットワークから多彩な人種がやってくる。また竜さん、真利子さんのそれぞれの知友がいるから、年代も交錯してくる。

これがいいのだ。家業とは何か、と大上段に構えてみても正解が出てこない私には、髙木糀商店のある日、ある時の、ある景の中に、家業の実相があるとしかいいようがない。「スモール・イズ・ビューティフル」という言葉をどのように解釈するかの回答も、そこにあるだろう。

スモール・イズ・ビューティフル
一九七三年にイギリスの経済学者、エルンスト・フリードリッヒ・シューマッハが執筆した経済学に関するエッセイ集。この本で警告した石油危機はたちまち現実のものとなり、一躍世界のベストセラーに。東日本大震災後、再び脚光をあびている。

近年の高木糀商店で見逃してならないことがあった。進さんの「宇宙志縁隊」の活動のことである。二〇一一年（平成二十三）の東日本大震災と福島原子力発電所事故の直後、進さんはただちに現地に向かった。その支援と交流は現在も続けられているが、私は宇宙志縁隊という言葉を知ったとき、いかにも彼らしいネーミングと感心した。それで、メッセージを書くことを約束したのだが、まだ一度も現地を訪ねたことはない。ふがいない自分のためにも、そのメッセージを転載しておきたい。

●宇宙志縁隊宣言

東日本大震災は、福島第一原発事故によって、われわれに世界のあり方について根本的な問題を突きつけています。被災地という現地から生活の現場へ、未来をどう考えてゆくのかと。今、何を始めるべきかと。私はみなさんと語り合い、一人ひとりの内なる声を聞きたい。それぞれの立場や思考から、新しい世界のシナリオをつくりたいと思います。地域・仕事・家庭など小さな場所から、しっかり視えてくるものに、また視なくてはならないものについて、ともに

東日本大震災
二〇一一年三月十一日に発生した東北地方太平洋沖地震（M九）とそれに伴う津波により引き起こされた大規模地震災害。その地震を端緒とする福島第一原子力発電所の事故は世界中を震撼させた。

宇宙志縁隊
東日本大震災の被災地域と被災した人々の継続的な支援と交流を目的に、高木進を隊長として二〇一一年に発足。当初は五年計画とし、各隊員のもち味を生かしたゲリラ的ボランティア活動を展開。現在も交流ネットワークを通じてさまざまな催しを行っている。

語りましょう。

（二〇一一年四月十一日　高木進）

再び野球のこと

若い夫婦の会話にまじっていると、おのずから自分のころは？　ということになっていくが、これは比較ではない。まぶしい青春時代への回顧でもない。いつの時代でも、青春は明と暗を抱え込んでいる。ただ、何かを一筋に追いかけるのと、右に左に揺れ動くのとでは、その明と暗の顛末は少しちがってくるだろう。前者より後者にとって後悔のようなものが残るかもしれない。真利子さんがそのような話をする。野球に専心した竜さんへの愛の物語として私は受け止めるが、二人の言葉を続けて記しておこう。

私は、思春期に母が亡くなったり、いろんなことが重なって、ただただ遊んでいて、北陸学院高校ではグレてました（笑）。大学は帝京短期大学の生活科学科です。私は竜さんの学生時代を知らないんですけど、ずっと野球をやっていて、一つのことに打ち込んだ青春があるということを学びました。そんな青春が羨ましいなと。そして、そこが今でも竜さんの軸になっているなと。

私は、真利子さんの「軸」という言葉にハッとした。まさにその通りだ。野球一筋の竜さんはどうだったのだろうか。

高校・大学は、チームを支えるマネージャーをしていました。現役プレーは星稜中学までで、三年の冬、高校の山下監督にマネージャーとして入ってくれと言われたんです。星稜高校というのは、けっこうマネージャーに重きを置いていて、各学年に二人か三人ぐらいいました。選手と監督のパイプ役であったり、練習する環境を整えたり、ちゃんとしたまとめ役というか、そこを大事にしていて、そういう部分では特殊でしたね。大学も野球はそこそこ強かったんですよ。神宮大会にもよく出ていました。

さて、マネージャーとは何か。こういう概念規定にこだわってしまうのは私の習性だが、竜さんと話していると、彼自身が経営とは何か、という問題を早くから考えていることがわかる。真利子さんの軽快なフットワークから広く人脈が生まれていくのを冷静に見つめながら、ときにはそれに対してチクリと釘を刺すのである。たとえば、真利子さんが各種のイベントに参加することへの疑問という形で。

今は、子供のこともあってデパートの展示会などは少しお休みしていますが、また再開したいという気持ちはあって。やはり市場開拓ということは感じます。私自身が外部とのつながりを持つという意味で。それから町のイベントにも出ます。ヨコのつながりは商売をしていく上で必要だと思っていますから。主催者とのつながり、そうやって声をかけてもらうことに応えたいという気持ちと、自分のお客さんがそういう場に来るということで、出たいんです。まあ、遊び半分みたいな気持ちで、あまり重きを置いているというのではなくて。でも、出展先は厳選していますよ。

この真利子さんの言動に竜さんは批判的である。「催事はいらない」と。私は、竜さんの意見に賛同する。彼が社長だから、というだけではない。つねに「問題の発見」という重要な思考力を大事にしたいし、それを二人に共有してもらいたいからである。むろん、戦略と戦術の次元をわきまえてのことで、真利子さんの遊行は髙木家の家族の中で行き詰まるときの深呼吸みたいなものでもあろう。

商売が繁盛すればするほど、苦しくなる空気というものがある。いつ下降現象がくるかもしれないという不安も感じるわけだ。という意味で、真利子さんはリスク・マネジメントを心得ているのだと思う。竜さんにしてみれば、それが余計なことだ、ということになるのだが、これ以上、二人の間に入っていくのはヤボというものだ。

私は、真利子さんの仕事への対応力は生来のものと考える。旅館の娘に生まれた彼女としては、人と出会うことの何かを大切にするわけだ。いわゆる「一期一会」が市場の構造ということかもしれない。過去・現在・未来をつなぐ、視えない心の糸のような。それは竜さんが室に入って、糀をつくるときに感じているものと同じではないだろうか。

糀づくりは重労働である。天井高の低い室での作業は、腰を痛めやすい。室の温度は三〇度ぐらい。現在は電気によって一瞬で温度を上げ、あとは醗酵熱で。種付けから約四十五時間で糀はできる。

どんな職業にも危険はある。簡単にみえる職業ほど、その強度は高いといえるかもしれない。自分のことをいうのは気が引けるが、ペンと紙だけの肉体労働の〝肉体〟について、そのように思うのである。竜さんの健康を案ずる真利子さんだが、それは竜さん自身が一番、懸念していることであろう。

それで私は思い出した。進さんが腰痛に苦しんでいたことである。竜さんに「継がなくてもいい」と言ったのには、そのことも含まれていたのかもしれない。しかし、竜さんは父親の状態を知っているがゆえに、健康管理には万全の配慮をしているのだ。そして、中学校から大学まで野球で鍛えた身体力は、精神力とともに、糀匠としての竜さんには何よりの財産となったのである。機械設備類は必要に迫られて導入されていくとしても、竜さんは、文字通り全身を使っての作業を続けていくわけで、それが高木ブランドの評価を高めている根本の理由であるとしたい。

東山界隈

つい最近、竜さんは仕入れの麹菌に自分で名前をつけることにした。私は相談を受けて何点かを提案した。あえて流行の記号や数値を使ったものも入れてみたが、竜さんは古語の「東雲」（しののめ）を選択した。この言葉のイメージから、竜さんの朝の景色を想像してもらいたい。

種麹は山ほどあるんですが、東雲が一番ピタッときた。他の麹菌も醸しているのを味わったことがあるんですけど、あまり好みではないというか。甘酒を強く甘くするには、もっと強い適した麹菌があり、味噌を醸すには豆のタンパク質から旨味成分を引き出すいい菌はあるんです。ぼくが選んだのは、醸すには弱い菌なんですけど、ぼくの中でシックリきているものがあって、それをチョイスしたんです。

種麹
一般に麹菌の種（胞子）のことをいい、醸造産業用に生産されたもの（麹スターターとも呼ばれる）のほかに、かびが造る酵素や抗生物質の製造用種菌を指すこともある。

麹・糀
原料となる穀物（米・麦・豆など）に水分を与え、蒸したものに種麹を撒き麹菌の増殖に適した温度条件下で培養したもの。原料・種麹・環境などの違いによってできあがる麹の品質が異なるため、酒、味噌、醤油など多様な醗酵食品が作られる。糀は明治時代にできた国字で、米糀のみを表す。

こうして竜さんは、糀匠として着実に自分の方向を固めていく。足場がしっかりしてきたのだ。麹菌の世界は不思議な力に満ちている。まだまだ未知の何かが隠れている。竜さんの最大の師は、この菌にほかならないのである。

竜さんのつくる商品のおおよそ三割は業務用、あとの七割は小売り用である。前者では金沢を代表する料亭の「浅田屋」、「金城楼」、「銭屋」などに納品されている。他には食品加工の「佃食品」である。佃さんは、かぶら寿司に使うようだ。小売りが多いことは好ましい。金沢市民の暮らしに根づいていることを実証しているからで、近年は金沢の観光ブームに乗って旅人の手土産としても売れていく。

東山界隈は、現在進行形で観光客を目当てとする店舗が開発されているが、高木糀商店のあるところは、わずかにメインストリートから離れているので、ゆっくりと散策を兼ねて買い物をされる人が入っていく。縄暖簾の前でスナップ写真を撮っていく人もいる。

その日が進さんの工芸の展示販売と重なるときは、幸運というものだ。竜さんの作業場がギャラリーに変わるのだが、その陳列の様子が、他にはない景色を出している。展示の内容によっては、昔のままの二階の部屋が会場になったりする。これは一見の価値ありだ。それで、こんな場合は文豪の名文を読んでみたくなる。

室生犀星が浅野川にゆかりの先輩作家、泉鏡花と徳田秋声について書いた（話した）文章に、その一端が紹介されている。出典は『加賀金沢・故郷を辞す』（一九九三年・講談社文芸文庫）に収録されている「文学者と郷土」である。

泉さんの小説には医王山とか鞍ヶ岳とか鶴来の方の自然などがよく描かれていて、黒百合とか片栗の花とか、そういう山中に咲く花が書かれています。いつも、美しい山の精ともいわれるような女が、池のほとりに立っているようなきれいな文章であります。徳田秋声氏の作品にも浅野川あたりの下町の生活をかいた小説も、三四篇ありますが、うすぐらい家の様子とか、そこにある郷土のいろいろな人の動きや生活が徳田さんの手固い、じみな筆つきでえがかれています。その少しの誇張もなくありのままに描くという行き方は、や

医王山
金沢市と南砺市にまたがる標高九三九mの山塊。白兀山、奥医王山および前医王山などの山塊の総称で、石川県側では白兀山を指す。薬草が多いのでこの名があり、金沢市から近く、山中の地形が豊かで子供から大人まで楽しめる。

鞍ヶ岳（倉ヶ岳）
金沢市の南、白山市との境にある標高五六五mの山。金沢市街からも眺められ、こんもりと盛り上がった馬の鞍のような形なのでこの名がある。医王山とともに金沢市民に親しまれている。

浅野川
二級河川。豪快な流れから男川と称される犀川に対して、女川と称される。東山に架かる浅野川大橋は国の登録有形文化財。

はり金沢人の性格にある、じっくりと落着いた気質が、徳田さんの作品をつや消しにしたような、文章の骨格を見せて居ります。

高木糀商店は東山、佃食品の本店は下新町、不室屋の本店は尾張町。江戸・明治・大正・昭和・平成の時間が流れるこの界隈を歩く人は、三社をつないでいく人でもあろう。二人の文豪の記念館もある。「泉鏡花記念館」と「徳田秋聲記念館」であり、犀川の方には「室生犀星記念館」がある。高木糀商店は、天保年間の建造物だから、鏡花も秋声も、馬場小学校に通っていた少年時代には、この通りを走っていたにちがいない。

徳田秋聲記念館
明治・大正・昭和にわたって文壇の第一線で活躍し、〝自然主義文学の大家〟とも称される小説家・徳田秋聲（一八七一〜一九四三）を顕彰する記念館。金沢市東山。

室生犀星記念館
室生犀星（一八八九〜一九六二）の生家跡に建つ記念館。周辺では犀星が育った雨宝院、犀星が愛した犀川、詩碑のある「犀星のみち」などがある。金沢市千日町。

犀川
二級河川。河口の金石港は、江戸時代以前は宮腰と呼ばれ、金沢の外港として重要視された。市内を流れる数々の用水が取水しており、市民の水資源として重要な役割を果たしている。犀川大橋は国の登録有形文化財。

馬場小学校
一八七一年設立。金沢でもっとも古い小学校の一つ。卒業生である泉鏡花・徳田秋声・尾山篤二郎の文学碑「文学の故郷」が建立されている。碑文は川端康成。金沢市東山。

第六章　丸八製茶場・焙茶の再構築

株式会社丸八製茶場
日本茶の製造販売
代表取締役社長　丸谷誠慶
創業一八六三年（文久三）・設立一九五四年（昭和二十九）・資本金二〇〇〇万円・従業員数三十一名（二〇一七年）
〒九二〇―〇三三一　加賀市動橋町タ一番八
電話　〇七六一―七四―一五五七
www.kagabouchа.co.jp

大正時代の茶缶（復刻）

加賀青年会議所

久しぶりに丸八製茶場（以下「丸八」）の丸谷誠慶さんと、事務所で歓談の二時間であった。多忙の中をヤリクリして取材に応じてくれたことに感謝しながら、社長就任後の彼の成長ぶりを観察することになる。専務時代にはときどきおしゃべりの機会があったけれど、社長になってからは、私の方が遠慮することになる。これが父親の誠一郎さんのブレーンであった者の礼儀というものであろう。ましてや彼は加賀青年会議所の有力メンバーであり、その活動も配慮しなければならない。そのＪＣのことから始めよう。

丸谷誠慶（まるや　まさちか）一九七八年生まれ。大阪大学大学院基礎工学研究科修了。カーナビメーカーを経て、二〇〇八年、丸八製茶場に入社、翌年に専務、二〇一三年、六代目社長に就任。

最初に入ったころは、ＪＣの本質がわからないというか、外面しか見えないので、つきあいきれんなあ、という気持ちはあったんです。入会してもう十年ぐらいになり、執行部に関わるようになると、やはり、そこで考えていることとかがおもしろいなあと思います。会社の組織づくりの面でも非常に役立つというのはありますね。どう人を動かしていくか、みたいな。そこは、すごく勉強になるんで、今は充実していますよ。

誠慶さんは、親しくしているメンバーの数名をあげてくれた。二代目も創業者もいて、彼には刺激を与えてくれる仲間である。自動車のディーラー、電気屋、保険屋、旅館、料理人、司法書士などなど。誠慶さんのように父親がJCメンバーであった人もいるようだが、必ずしもそれにこだわらないメンバーたちがいる。私は、JC活動も変わってきたと思ったのである。この変化は、いいことである。とくに丸八のような老舗の社長にとっては、と思う。

執行部というと、理事長とか、副理事長とか、委員長とか。そういう立ち位置で絡むようになると、やっぱり話す内容も変わってきますし。ぼくは現在、専務理事なんですが、その次が副理事長で、その先に理事長みたいなコースがあって。でも、ぼくはその流れに乗りませんでした。自分の中に、あの組織の代表として外に出ていく顔ではないなというのがあって。ただ、執行部で代表になった人をサポートするのは、しっかりやっていきたいと思うんですけど。

この判断は、いかにも誠慶さんらしいと思う。加賀市にあって、日本のブランドになった「加賀棒茶の丸八」のトップのＪＣ理事長は自然のことであると思うがゆえに。自分の中にリーダー像を持っているのだ。父親が理事長であったこととは関係のないことである。

親子二代の理事長はけっして珍しいことではない。これを、その地域の人材不足とみるか、良い意味でのリーダーシップの継承とみるか。私は「是」としたい。で、誠慶さんの意志決定も「是」としたい。

では、誠慶さんは社業において、どのようなリーダーをイメージしているのだろうか。

そうですね。今は、父親の代につくったものがあるので、それに乗っかかっているだけなんです。この状況をうまく活かしながら、もっとしっかりした社内の体制をつくりあげたいと思うんですよ。スタッフが人に頼ってしまう部分が強いというか。会長がトップダウンでずーっとやってきたというのもあって、そのクセがついているのかなという感じがします。ともかく、人の問題が一番大きいと思っています。大卒の社員が多くなってきましたが、学歴偏重にならないようにしたいですよ。

誠慶さんが直面する問題は、誠一郎さんの時代にもあった。加賀棒茶が世間に認められるまでの丸八の力量では、好ましい人材を採用できなかったのである。偏差値だけで判断してはならないが、入社の動機は「家が近いから」という状況であり、これではトップダウンしかないのである。誠一郎さんの孤軍奮闘が続き、それに共感するスタッフは一人、二人であった。では、全国区のブランドに成長した現在のリクルートは、どうなのか。高学歴の人たちが「あの丸八さんへ」ではないのか。

ときには向こうから来ていただける方もいるんですけど、まだまだ少ないですね。募集をかけてもなかなか集まらなくて。とくに、本社ではなく店舗のスタッフが必要なんですが、苦労しています。販売員や店員さんの役割が低く見られてしまうんですね。「金沢百番街店」、「茶房一笑」、富山駅の「ｓｙｎ」のいずれもいっしょです。当社のメッセージの作り方がそうさせるのかもしれませんが。

これは予測したことであった。一つ一つの店舗の物語が正確に伝達されていないのである。たとえば、なぜ茶房一笑なのか、ということが、社内でも十分に理解されていないということである。それだけ開店から時間が経ったのであり、スタッフが入れ替わったりもした。私は、この事情を打開する方策について、何度か提案をしてきたのであった。

この日も、誠慶さんに同じことを繰り返すしかなかったが、これは直面する重要な問題である。ヒトがミセをつくる。ミセがコトをつくる。そしてミセがヒトをつくる。単なる物販の場所ではない何かが形成されていくのである。そのキーパーソンが不在なのだ。

これは丸八に限らない。ミセという小劇場を創造し、運営・管理していく人材は、これからもっとも必要とされるのだが、その開発・育成が遅れている。厳しくいうと、経営陣にそのノウハウが欠けているのである。

祖父のお別れ会

二〇一一年（平成二十三）十月十五日。誠慶さんの祖父・丸谷誠長さんのお別れ会が山代温泉のセレモニーホール斎苑かがで挙行された。当日は、会社関係者はもとより、町内会の人びとで会場は超満員であった。丸八の置かれている状況がよくわかる風景である。

その日、社員の小口あや子さんが弔辞を読んだ。誠一郎さんの父親であり、丸八の会長であった誠長さんのプロフィールとして紹介したい。ちなみに私は、祭壇に飾られた三葉の写真の中の、若き日の軍服姿に圧倒されたのであった。二代前の世代は戦中派になり、戦後の復興期を生きた人びとである。誠長さんは軍国少年として育てられたのであるが、誠長・誠一郎・誠慶と「誠」の一文字が貫く精神を感じてならない。誠一郎さんの社会正義は、ここにあるのだと思う。

丸谷誠長（まるや せいちょう）
一九二二年〜二〇一一年。一九七三年、丸八製茶場の四代目社長に就任。九一年、加賀市の産業功労者表彰。

弔辞

私たち若い世代には、「加賀棒茶の丸八製茶場」というブランドは、全国に知られるようになっておりました。今では、焙茶の代名詞のようになって、石川県内では類似の商品が出回るようにもなりましたが、これは会長さまが社長時代に開発されたものでした。一九八三年（昭和五十八）、昭和天皇が「第三十四回全国植樹祭」でご来県のときとうかがっております。その開発の現場のことは想像するしかありませんが、製茶業に生涯をささげられた会長さまの、そしてその後の会社の命運を決定する画期的な焙茶が生まれたのでした。

私たちは、今、この加賀棒茶を動橋のまちから全国へ、また、ときには世界へ、お届けできる喜びをもっています。それは会長さまから私たちに手渡された地域文化の伝承と創造の喜びにほかなりません。会長さまは、一九九一年（平成三）十一月三日、加賀市より「産業功労者」として表彰を受けられました。その「お祝いの会」でお

献上加賀棒茶
一九八三年に石川県で開催された全国植樹祭の折、昭和天皇ご滞在先のホテルから最高の焙茶を納入してほしいとの依頼を受けて献上した。素材となる茎、焙煎方法、淹れ方の研究を行い、改めて焙茶の原点に立ち返って誕生した商品。

話しされた手書きの原稿を、先日、丸谷社長よりお借りしました。その一部をご紹介します。

「私の社会人としての五十年間の活動の根源となっているものは、その精神は、軍隊生活二年八ヶ月のうちに培われたものが基本になっております。」「軍隊生活で何を得たかといえば、忍耐力であり、ある程度の自信であり、積極性です。軍隊生活は苦しかったかといえば、外から見るほど苦しいと感じなかった。」

今の私たちに、その生活に耐えられるかどうか、とても不安ですが、会長さまのおだやかな表情の中に、私たちとまったくちがう青春があったことを、この原稿で初めて知ることができました。

会長さまは、茶道文化にかかわる社業ということだけではなく、一人の市民として、加賀に根づいた芸能を愛されていました。二十代半ばから七十歳になられるまで、宝生流の謡曲をたしなまれ、動橋地区の指導的役割を果たされました。私たちに、そのことを強いることなく、いつか私たちが自分で気づくまで、黙っておられたのでしょう。というのも、先の原稿の終わりに、「今の若い人は幸せであると思うと同時に、今日の話の中から何かをつかみとっていただき、今後の行動の中に活かしていただければありがたいと思うものであります」と書かれているのです。

丸谷家の人びと

誠一郎さんから誠慶さんに変わってから、新しい現象がみられる。意志的に親族を排除したように思われる誠一郎さんとちがって、誠慶さんは、姉の阿礼さん、妹の礼奈さんを仕事場に招いた。前者は社外からデザイナーとして、後者は社員として富山のｓｙｎ店に勤務している。現在、礼奈さんは産休ということだが、動橋に住んでいるので、誠慶さんにとって妹夫婦は近所づきあいの関係にある。阿礼さんは東京に仕事場があり、各種のメディアやツールのデザイン開発の関係で、動橋に帰ってくるわけだ。
これは余談だが、誠一郎さんは子供たちの名前にこだわった。阿礼さんは高橋和巳の名作『邪宗門』に登場する行徳阿礼に由来する。誠慶・礼奈さんにしても、凝りに凝ったという印象を受けるが、どうか。誠一郎さんの美意識の表れとして、私は敬服するのだが、誠慶さんの場合はルビをつけないと読めないのがもどかしい。
さて、問題の核心に入りたい。なぜ誠慶さんは、姉妹を自社に参加させたのだろうか。単に人手が足りなかったというのは理由にならないはずである。

高橋和巳（たかはし かずみ）
一九三一〜一九七一年。短期間に膨大な名作を遺した天才的小説家。中国文学者。『悲の器』で第一回文藝賞受賞。『邪宗門』をはじめ、『憂鬱なる党派』『日本の悪霊』『わが解体』など著書多数。

邪宗門
高橋和巳の小説。行徳阿礼は主人公・千葉潔を取り巻く女性の一人で、「ひのもと救霊会」の第二代教主・行徳仁二郎の長女。

二人が実家に帰ってくると、社員には話せないこともしゃべれるというか、身内だからこそというか。デザインでも、感覚的に近いところがあって、十まで説明しなくても、「こんな感じ」と言うとわかるんですよね。これがすごくありがたいなと思って。外部のデザイナーさんだと、全部を説明しないと感じ取ってもらえない。そのあたりで、姉に協力してもらえるんであれば、ラクになるなあと。

ぼく自身はデザインがわからないので。妹は、偶然、富山店の話が出たことと、東京の職場を離れることが決まったというのもあって、ちょうどタイミング的にも合ったんです。イヤやなという思いはまったくなかった。また、新しい店だし、県外ということもあって、身内が一人入っている方が力強いかなと思ったので。

二人の女性に続いて、誠慶さんの奥さまの理沙さんが総務系の業務についている。子育てにも余裕ができて時間がとれるようになったからで、これは計画通りのこと。誠一郎さんの奥さま・朱美夫人が苦労したことから、三人の子供（女・男二人）の母親として、しっかりと育児に専念してきたのであった。和歌山の出身だから、加賀の暮らしに慣れるにも時間は必要であったことであろう。

理沙さんは、幼時から大阪芸術大学卒業まで、クラシックバレエを習っていた。それで、会社の業務とは別に、地域の人たちの健康促進のためのスタジオを持ち、明るい環境をつくりたいと、今、そのテストを始めた。誠慶さんは、積極的に支援を惜しまないという。私も賛成だ。お茶屋だから茶道教室をというのは、あまりにも見え透いている。それも大事なことは認めるけれど、理沙さんの発想と実践の方が、私には現代の茶道といいたいところがある。

私は一人でも多くの家族が家業に参加することを、望ましいと思っている。むろん、そのような家業で、いくつかの悲喜劇を見たことも事実だが、といって、この考え方を否定する気にはならない。

茶葉の生産者たち

誠一郎さんと静岡や鹿児島の茶園を回ったのは、三十年前になるか。彼の求める茶葉について、私はよくわからないまま、契約栽培農家を訪ねたのである。結論として、あまり好ましい状況ではなかった。

丸八の要求する茶葉は、農家にとっては〝めんどうくさい〟といったところではなかったか。従来の方式で農協や問屋に買い取ってもらえばいいわけで、農家の意識改革から始めなければならなかったのである。

誠一郎さんは、前述の二ヶ所に加賀を加えた「三郷会」という生産者と

三郷会（みさとかい）
丸八の茶葉の主要仕入れ先である鹿児島県、静岡県、石川県の三つの郷からなる「志を同じくする茶づくり共同研究体」。各産地の契約茶園の生産者とともに日本茶を土から考え、テイストを探究するために、毎年、議論の場を設けている。

の勉強会をやってみたりしていたけれど、どうやらその本意が伝わらなくて悶々とする日々が続いていた。

現在の丸八の茶葉は、もっと広い地域から集められているのだが、いったい茶園を経営する農家の実体はどうなのだろうか。伊藤園やサントリーなど大手のペットボトルに詰められる茶葉のことを考えると、かなり繁盛しているように思う。日本茶の専門店が各地に定着していることも、そのように考える理由だが、誠慶さんの言葉は意外であった。

茶の木を育てるには四、五年かかります。若い木には、おそらくその特徴があると思うんです。しかし、今、日本で栽培される茶の木は老木も多いと聞いています。茶の木は、ほんとうは二十年とか三十年で改植して新しい畑を作っていくんです。お茶が売れていたときは良かったんですけど、需要が減ってくると、それをやる余裕がなくなって、あるものを何とか引き延ばして使おうみたいな。老木でも芽は出るので、作れなくはないから、ダラダラときてしまっているんです。それで、跡継ぎもいなくなって、というのが業界の現状なんですよ。とにかく今の農家さんは、どんどんマイナスのスパイラルに陥っているというか、そういう感じなんですね。

誠慶さんは、そのために茶農家を育てる、励ますことが自分たちの使命だという。一方で、藪北という品種が圧倒的な状況の中で、他の品種を作る人たちも少しずつ増えてきているようだ。収穫は少量でしかないが、これまでとはちがった商品ができそうな期待がある。

そんな中で若い方がいろいろ新しいチャレンジをしているんです。彼らはすごくいい言葉を持っているんですよね。「じゃ、自分で売るよ。問屋さんはいらんし」という人もいて、脱農協・脱問屋みたいな、直接の取引をしていく。また、特徴的な茶葉を作る三十代の人たちもいるので、彼らと関係をつくっていけば、おもしろいんじゃないかと、一昨年くらいから実験的に始めているんです。茶の木の品種ばかりでなく、製造の仕方によって雰囲気も変わります。たとえば、製茶は蒸して揉んで乾かしていくという工程なんですけど、それぞれの時間の長さを変えたり、蒸す前に少し時間を置くとか、いろんなやり方があって、ぼくも注目しているんですよ。

私はこの発想に賛同する。原材料の量的確保は大事にちがいないが、もともと大量生産・大量販売の丸八ではないのである。少量多品種の商品開発は、目指すべき方向であると思う。そのとき、思想の共有できる若い農家との出会いが決定的である。誠慶さんの「いい言葉を持っている」という表現は的確である。いい言葉からいい茶葉が生まれることは、まちがいない。

このように、流通や販売方法が変化しているにもかかわらず、旧態依然の生産者が多いのは、他の業界にもいえるだろう。だからこそ、若い人たちの出番である。老木の話を聞いて、私は自分のことのように感じたのだが、時代の風をとらえる力は、心身ともに健康な次世代の仕事である。

と同時に、その場に老若の対話が成立して欲しいものである。老から若への一方的な流れでは、つねに同じ状況が繰り返されるにすぎない。

けっして新しいものが生まれるとは思えないのだ。それはともかく、老が若の改革の阻害要因にならないようにしなければならない。

ところで、茶葉の話になると、必ずしもツバキ科にこだわらなくてもいいようなものである。また、こだわるとすれば、海外にも目を向けるべきであろう。茶の木は、アジアに共通する文化圏にある。そして、丸八の製造部門に外国人が入ってもいいだろう。「うちの工場長はイタリア人でね」はどうか。いや、やはりベトナムとかスリランカ、あるいはトルコなどのアジア人か。

あくまでも茶の木にこだわっていきたいなと思います。ハーブティーなどもそうなんですけど、けっこう着香・着味があって、日本茶を販売しているところでも、花を入れてみたり、柑橘系を入れたりね。もちろん香りがつくので、それはそれでいいんですけど。そうじゃなくて、日本茶自身が持っている香りとか特徴を引き出すことで、たとえば春夏に合うもの、秋冬に向けてのものなどが作れればいい。たぶん、まだまだ引っ張り出せると思うんです。それは、結局、丸八は何ができるのかということになっていく。焙茶しかできないので、もう一度、焙茶を自分たちで掘り起こして、何ができるかを伝えていければと思うんです。もどかしいんですが、焙茶の位置づけというものが視えてこないかなと。抹茶や煎茶とちがうところで明快にできることが。

丸八の焙煎
遠赤外線の輻射熱によって、表面をこがすことなく、芯から浅く焙じている。一番摘みの葉や茎のもつ旨味と香りを活かし、すっきりした飲みやすさが特長。

誠慶さんは、ようやく新しい茶葉と焙煎の再考という主題の発見に入ったのである。それが、商品と店舗展開に直結してくるであろう。抹茶に代表される画一的なサービスから解き放たれて、「加賀棒茶」の自立性を追究するところに立ったのである。

私は、定型化された優雅な抹茶や煎茶に対して、もっと非定型で自在な焙茶の世界を、と思うのだ。高貴な香りの焙茶という誠一郎さんから継承した財産を、さらに一歩進める改革である。おそらく、生産者の若い人たちの内心に燃える茶葉のイメージも、そこにあるだろうし、それは、まことに自然なり、ではないか。

誠慶さんは海外での生産もあり、と言った。日本の農業だけが安全というのは、日本人の幻想ということである。私もそう思う。加賀棒茶の原料を国産に限定する時代ではない。海外の農家の方が良い茶葉を作り出すとしたら、それを支援すべきである。私の入手する狭い情報でしかないが、日本の産地よりも可能性の高い国々があるのだ。むろん、共同作業を展開するまでに、時間はかかるであろう。しかし、新しい人事交流から、新しい喫茶文化が生まれることが楽しいではないか。

季刊誌『動橋』の廃刊

丸八の季刊誌『動橋 ―― 加賀棒茶物語』は、第八十五号（二〇一五年冬）で廃刊となった。これも誠慶さんの意志決定であり、私はこの日の来ることを待ち望んでいた。というのも、拙著『加賀棒茶の誕生 ―― 戦略転換のシナリオ』（二〇一三年）で書いたことだが、季刊誌はダイレクト・マーケティングのキーメディアとして発刊したけれど、その役割は十分に達成されたからである。むしろ、ズルズルと引き延ばしたという思いがあるくらいで、広報というもののあり方を、私自身も反省している。

動橋――加賀棒茶物語
一九九三年の創刊から、二〇一五年の第八五号まで、二十三年間にわたり丸八が発行してきた季刊誌。丸八の思想を表現する役割を担ってきた。第七十三号以降は、社員教育の一環として社員が制作に携わった。

加賀棒茶の誕生――戦略転換のシナリオ
二〇一三年発行、出島二郎著、丸八製茶場発行。丸谷誠慶が中心となり、創業一五〇周年記念事業の一環として作られた。丸八の歴史と戦略について、丸谷誠一郎の言葉を中心にまとめられている。

広告とちがって、自社のメディアを創造することの意味であり、編集の内容のことである。

　私は、広報活動とは外に向けてより内に向けてを重視すべきと考えている。社員の一人ひとりが、自社がメッセージを出すことに誇りを持って欲しいからであり、その企画・取材・執筆の業務を通して、自分たちの主題を発見するであろうと期待してのことである。つまり、『動橋』は人材育成のためのメディアであった。

『動橋』は、二度の改訂の経過があり、また増刊号を出した年もあったけれど、約二十三年間続いた。それに、誠慶さんが終止符を打ったところに、私は彼の覚悟と展望をみたいと思うのである。経営戦略にあっては、始まりより終わりが難題である。それが多少の評価を受けていればなおさらのことである。財務上、非常に厳しい状況であるにもかかわらず誠一郎さんが年四回の発刊に踏み切ったけれど、その打ち止めは、けっして財務上の問題ではないのだ。

　私が編集したころの『動橋』は誌面の記事を他に求めて、自社のメッセージは一切、書かなかった。その意味では、広報誌ともいえない奇妙なメディアであったかもしれない。すべては間接的に、誠一郎さんの考えることを伝達することであった。といって、彼は笑うだけだろう。「すべて任せるから！」が実情であった。

誠慶さんは、第七十四号から第八十五号まで、最終ページに「茶箱をあけると、」というタイトルのコラムを書いている。実は、このページにこそ、丸八の思想がある。

便利さ、快適さの陰で少し遠くなった自然。普段は意識することも不自由を感じることもありません。しかし、生活に必要なものは、元をたどればすべて自然から与えられてきました。その土地ならではの知恵や習慣も、自然とうまく付き合うなかで育まれ、地域文化として発展してきたはずです。自然への畏敬を忘れることなく、文化を継承していきたいと思います。（第七十四号）

茶房でのお茶、非日常を味わう一服。家庭でのお茶、家族をつなげる風景。今では前者のほうが一般的でしょうか。一人ひとりの時間を優先するあまり家族の集う場は少なくなりました。行き過ぎた個の尊重は、かつての日常を珍しいものにしつつあります。それならいっそ、一家団欒をハレのひと時に。そんな場を演出できる日本茶を、茶房を通してお伝えしていきたいと思います。（第七十五号）

ガラス越しに流れる街路樹を眺めながら、ふと大阪での学生時代を思い出します。鮮やかな黄色と強烈な匂いは、否応なしに季節の変化を感じさせてくれました。あれから十数年。毎年変わらずに訪れる季節のうつろい。いや、変わらないことを期待しているだけでしょうか。変わっていくもの。変わらないもの。久しぶりに黄葉の中を歩いてみよう。（第七十七号）

誠慶さんの草稿をチェックしたのは私である。僭越にも、と今にして思うが、彼の詩情を壊したかもしれない。しかし右記の三篇からでも、丸八がどこに向かうのかが想像されるであろう。大阪大学大学院基礎工学研究科の修士課程を出た理工系の俊才は、人文系の素養を持っていた。

誠一郎さんの三人の子供たちを見ていると、それぞれに自由自在な生き方を大切にしていると感心するのだが、私は、そこに抹茶道、煎茶道に拮抗する棒茶道のシナリオを考えるのである。三者三様の、だから百人百様の心と形を受容する喫茶の時空というものを。

新茶キャンペーンの中止

丸八は、二〇一六年(平成二十八)、新茶キャンペーンを止めた。初夏の風味として、お茶屋にとって八十八夜摘み煎茶の販売は恒例化しているだけに、「なんで?」という疑問があった。季感を大事にする商売ではないか。それが植物系であれ動物系であれ、旬の味はそれこそ俳句歳時記の定番である。つまり、日本の暮らしの基底にあるものではないか。

方丈に今届きたる新茶かな　　高浜虚子

私は、毎年、誠一郎さんから一〇〇人分の新茶を提供してもらい、名句を短文に挿入して、全国各地の知友に届けていた。一年に一度の香りの交信は、とてもありがたいことであった。そのお礼のメッセージから、新茶というものの価値を再発見したのであった。

年々、煎茶の売れ行きが減ってきていたこともあるんですが、何よりも大きなキッカケは、二〇一一年（平成二十三）の東日本大震災の福島原発事故です。「静岡茶が汚染されました」というニュースで、あの年の茶業界は、全部、おかしくなったんです。その一年で販売もやりにくくなりましたし、仕入先の問屋さんとの関係にもトラブルが続きました。結論として、その年に静岡茶ブランドというのも地に落ちたというか、一回、まっさらになったという感じでもありました。

問屋さんとのトラブルの内容はカットする。大震災と原発事故の問題は、現在も続いていることである。そして、生産者と消費者の間のズレは、微妙である。何が真実なのか、という不安だけが拡大するときがあ

茶葉の放射能汚染問題
二〇一一年三月の福島原発事故で放出された放射性物質が、東日本の茶葉生産地に被害を与えた。日本最大の茶の生産地・静岡も例外ではなく、茶葉から基準値を超えるセシウムが検出される実害と、基準値を下回る茶葉においても買い控えなどの風評被害が発生した。丸八では独自の基準を設け、検査機関に依頼し、公表している。

る。それが急速に安心に変化するところに、日本人の「イヤなことは水に流す思想」があるかもしれない。誠慶さんの次の言葉は、そのことを実証しているだろう。

実際に影響したのは二、三年ぐらいです。その後は、ほとんどの人が忘れたようになってしまって、苦労して売らなきゃならないという状況は解消されたんです。でも、いろんな原料を見直したり、次の商品づくりを考えていくと、煎茶って、うちでは何もつくっていないんですよね。茶葉は厳選するけれど、まったく手をかけないで、袋詰めだけしているんで、おもしろくないというのがあったんです。それで、もう一度、焙茶に力を入れなくちゃいけないよね、となりました。

ここは重要なところだ。商品政策はこれでいいのか、という戦略課題にぶつかったのである。強烈な外的条件の変化が、内的環境のあり方を問うこと。それがスプリングボードになること。事情は少しちがうけれど、「献上加賀棒茶」が生まれたように。で、誠慶さんは、どのようにしていくのか。

それが煎茶に代わって着手した「初夏焙茶」の発売であった。いわゆる新茶の焙茶である。私は、このパンフレットをもらったとき、あらためて「新社長誕生」と思ったものである。誠慶さんの意志決定による新しい焙茶キャンペーンが始まったのだから。

初夏焙茶
二〇一六年からキャンペーンを開始。六〜七月ごろ限定で、新茶の茶葉を使用。きりっと冷茶で飲みたくなる焙茶をイメージした。

今のところ、反響もいただいて、そこそこいい声も多いように思います。これが、少しずつ定着していけばいいかなと。これまでは、ほんとうに原料ありきというか、こういう原料があって焙煎するとこんな香りが出るから、こんな名前をつけて商品を売ろうというのが、ずっと続いていたんです。まあ、原料を作っていないというのが一番のネックなんですけど、それだけではつまらない。一回、開発のテーマを自分たちで決めて、それに見合う原料を探そうじゃないかと。そっちの方向に変えてみたんですね。で、緑茶を止める代わりに、この時季にどんな風味の焙茶が欲しいのか、どんなお茶を飲んでみたいか、そのあたりの意見を集めて。

原料から商品のイメージを作り上げる。商品のイメージから原料を探し求める。この二つのアプローチに是非はないように思う。前者は誠一郎さんの、後者は誠慶さんの方法論になって、丸八の商品開発に幅ができたことが最大のメリットであろう。いずれにしろ、夏に合うさわやかな焙茶風味ということで、「水出しで飲んでください」となった。むろん、お湯でも楽しめるという位置づけから、原料を二、三種類集めて、挑戦してみたのであった。

野邊翔平さんの退社

開発プロジェクトには、キーパーソンが不可欠である。参画メンバーの意見を求めるといっても、おざなりの議論になってしまうことが多いのである。初夏焙茶の開発には、野邊翔平さんがキーパーソンであった。彼は兵庫県稲美町出身。関西学院大学社会学部を卒業後、カイロ大学に語学留学。その後、京都の西出製茶場を経由して丸八に飛び込んできたのである。私もある勉強会で野邊さんに会ったとき、一目で彼はイケルと思った。

その野邊さんが二〇一七年(平成二十九)の春、退社したのだ。これは危険である。惜しい人材が出ていく社内環境に問題がある。「加賀棒茶の丸八」あるいは「丸八の加賀棒茶」という世評が定着するにつれ、スタッフの市場へのインセンティブが鈍化してくる。

よくある話だが、丸八も例外ではないということ。さらにいえば、川上から川下まで見渡せる感性を持った人は、数少ない。だから、キーパーソンである。ものづくりは、多人数の烏合でできるほど甘くはない。丸八人の反対があっても一人の情熱が押し切っていくような仕事であると私は思うのだ。

野邊さんは長崎県の佐世保市で茶農家として新規就農した。この「源流志向」は、いかにも彼らしいと思う。茶どころとしては無名に近い土地で、彼は丸八での三年間の経験を活かして、新しい茶葉の育成に取り組むのである。だから、一日も早く彼との共同作業が始まることを切望する。「軍港の棒茶」として、平和を一服の中に封じ込める。と、私はふしだらな妄想をふくらませていた。

彼と、将来、いっしょにやれればいいなと思うんですよ。彼が辞めてしまう社内環境の改革の必要性も痛感していて。とにかく、彼は自分でいろんな原料を探してきて、今度はこれを作っていいですか、これを十キロ買っていいですかと、彼の言葉からやりたいことがどんどん出てくるんですよ。それを応援しないわけにいかない。で、二人で話をしていると、やっぱり盛り上がるんですよね。なかなか製造部門から声が出なかったから、欲求不満を感じていたんですが。

繰り返すが、野邊さんの退社は大事件であると思う。彼に代わる人材は、そう簡単に見つからないだろう。優れた人材のヤル気を消失させる職場の空気を変えなければならない。それは、誠慶さんの手腕にかかっている。この問題は、外部からはどのように見えたのか。初夏焙茶プロジェクトに関わった阿礼さんの意見を聞いてみた。

野邊さんの存在は大きかったなあと思います。こういうものを作りたいという想いを形にする熱意が、自ら湧き出てくる人が少ないのは悲しいですね。厳しくいうと、誰もバトンを持って先頭を走りたがらない。私はサポーターの位置なのに、気づいたら一番前にいたり。社長は、そういう状況を打破したいと思っているので、私もやり方を模索中という状況です。とにかく、リーダーとして人を引っ張れる人が、今の丸八には必要です。

阿礼さんは、立命館大学の英文科を卒業後、一年間、イギリスに留学し、三十歳を過ぎてから、ものづくりに目覚め、桑沢デザイン研究所の夜間部に二年間、通ったのである。英文科と聞いて、その道で落伍した私は「ああ……」というしかないが。ものづくり、すなわちモノがカタル世界と、カタリがモノになる世界がある。英文学もものづくりの糧になって欲しいと思う。高校卒業後の長い遊学と徘徊の成果を、と思うのである。社長の姉という立場は難しいと思うけれど、社員にとって〝イジワルばあさん〟であってもらいたいものだ。

考えてみると、私は彼女の年代のころ、〝イジワルじいさん〟であったし、それが自分の役割であるとも思っていた。イジワルとは、批評精神を活性化するということ。そして、互いに新しい次元をひらくことを期待するわけだが、それが難題なのである。しかし、丸八の社員にならないという阿礼さんの気持ちは大事だ。家業の経営陣の中での立ち位置のこと。彼女にとってのもう一つのデザインが、そこにあるだろう。

移行期の問題

たとえ父子であっても、経営主体が変わることは、社員にとって尋常なことではない。社内の空気が一変するという事態も生じる。丸八の場合は、誠一郎さんがトップダウン、誠慶さんがボトムアップを方針とするがゆえに、社員には戸惑いがあるようだ。私には、いずれ時間が解決する程度のことにも思えるが、礼奈さんは、その間の事情を次のように語ってくれた。

ゆとり世代というのもあるかもしれないんですけど、自分の限界のハードルがすごく低いんです。もっとやれるというのを、ここで自分は一杯一杯ですと、やりもしないのに、失敗もしないのに決めているのが、つまらないなあと思うんです。よく社員は、父親と兄のやり方がまったくちがうと言います。父親はワンマンで、やれやれと言って社員は従えばよかったんですけど、兄は自分たちで考えて行動してと、いきなり方向が変わったので、社員は戸惑いを隠せないというか、どう動いたらいいのかと。今まで動いたら怒られていたのに、兄が社長になったとたん、やらないと怒られるみたいな。方法がわからない社員が多いんでしょうか。

東京・渋谷のカフェ・レストランで働いてきた礼奈さんは、プロ意識の高い人たちに鍛えられて、厳しい経験を積んでいたから、社内の現状に甘えを感じるようである。その場にいない私も、身勝手にもそう思うことがある。社長の命令があった方が動きやすいのである。思考停止と

ゆとり世代
学習指導要領の改定によって、ゆとり教育を受けた世代のこと。一九八七〜二〇〇三年度生まれが該当。その定義、範囲については諸説あり明確ではない。

いうわけではないだろうが。

しかし、丸八はその状況を打破するときが来ていると思う。誠慶さんのイライラは、当分、続くであろうが、ここは忍耐の必要なところだ。「社長に、もう少しサービス精神があって、それいいね、の一言があればと思うときがあります」と阿礼さんが注文をつけた。しかし、これはご愛嬌としたい。

社長の交代期には管理者と部下の間にもちぐはぐさが生じやすい。父親が育てた人材と、息子の求める人材とが、必ずしも一致しないからで、私は、家業にあってもっとも難しいのは、このようなときの人事戦略であると思う。とりわけ上昇過程にあっては、管理者のマンネリズムが横行するからだ。危機は去って、また新しい危機が侵蝕してくるのである。しかし、これは一概に管理者を責めても仕方がないように思われる。若い芽が、その壁を突き破るのを待つしかないだろう。

阿礼さんと礼奈さんから手厳しい批判をもらった。これは非難ではない。社員への信頼を増幅するための、それぞれの自戒であると受け止めることにしたい。そして、このような議論がオープンになって、社長の希求する新しい社風が形成されていくのである。私は、誠慶さんの姉妹が、社員から突き上げをくらうシーンを想像してみる。おそらく、その会議から、第二、第三の野邊さんが登場してくるであろう。

棒茶道の入口

礼奈さんは、武蔵野美術大学の空間演出デザイン学科で、舞台美術の勉強をしてきた。彼女が中心となって、「第二章・棒茶物語」のプロジェクトが立ち上がっていく。現在の本社・工場の横に立礼式の茶室をつくり、焙茶の香りを楽しむ空間というコンセプトである。変幻自在に形を変えられる可動式のカウンターやテーブルを設置し、社員も勉強できる場にしたいという。抹茶や煎茶を飲みたい方には「茶房実生」があるので、この茶室は焙茶に特化したところがポイントである。

新しい茶室の名前は「双嶽軒」。この双という字から、緊張と緩和という静と動がモチーフ。茶室に入る緊張感と、お茶を飲んだあと

茶房実生
丸八の本社・工場に併設した店舗。実生とは種子から発芽し生育した植物のことで、茶づくりの探求に精進していこうと名付けられた。販売・ギャラリースペースもある。

双嶽軒
丸谷家が一九九二年に購入した加賀市動橋の旧高澤邸にある茶室の一つ。「双嶽軒」は田舎間四畳半本勝手水屋付き。由来は丸窓から鞍掛山が見えることから。新茶室は、この名前を用いることにした。

に訪れる気分に触れる感じというか。これは抹茶や煎茶ではなく、馴染みのある焙茶だからこそ、より際立つと思うんです。また、石川県の名前そのものが石と川で、静と動じゃないかと話していたこともあり、茶室の床材に「滝ヶ原石」の使用も考えています。ちょうど小松市の石の文化が日本遺産にも指定されましたし。ほかには、壁に焙茶の香りが染み渡るような仕掛けも考えていたり。丸八の強みというのは焙茶なので、他のお茶屋さんにできないことを茶室で表現できるんじゃないかと思って。地元の方はもちろん、観光客や海外から来られる人たちが、わざわざ訪れたくなるような場所にしたいなと。この場所で、特別な一杯に出会ってもらいたいなと思っています。

滝ヶ原石
小松市で産出される灰緑色の凝灰岩。目が細かく耐久性が強いのが特徴で、古くから石垣や墓石などに利用された。一八一五年から現在に至るまで採掘が行われる「滝ヶ原石切り場」は、二〇一六年に日本遺産に認定された小松市の「珠玉と石の文化」の一つ。

このプロジェクト会議をしたところ、「やりたいです」と言ったのは、社内でも一番若いスタッフであった。「彼女の可能性を伸ばしたい」という礼奈さんの一言に、社内環境を変えていくためのプロジェクトの意味がこめられているだろう。それは、何よりの人材教育の場なのだ。自分自身の成長のために創作するツールであり、メディアでもある。誠慶さんの、社員一人ひとりが自分で考えて行動するという思想は、確実に踏み出されていくだろう。そして、それを切望しているのは、私には誰よりも誠一郎さんであるように思えてならない。

丸八のある動橋は、JR金沢駅から各駅停車に乗って約四十分。私は無人の動橋駅で降りる。そこから旧本店の丸谷家は歩いて数分であり、丸八の本社・工場は約十五分、暴れ川で知られる動橋川の土手までは約五分である。

誠一郎さんが『加賀棒茶の誕生』で語っていることだが、映画館が一軒、パチンコ屋が二、三軒、銭湯が二軒あったという。古くは北国街道の宿場町であり、一九七〇年代までの約六十年間、動橋は加賀温泉郷への交通の要衝としても栄えたのである。現在では、殷賑をきわめたころの面影を見つけるのは、よほど詳しい説明がないとムリだろう。繁栄を誇った大日盛（橋本酒造）の屋敷や庭園も、人の手が入っていないようだ。

お茶屋が動橋の景色をつくり始めている、というと大袈裟だろうか。俗な言葉になってしまうけれど、「動橋といえば丸八」であることは、

動橋（いぶりはし）
江戸時代は北国街道の宿場として、昭和初期までは柴山潟、今江潟を経て安宅港へ通じる舟運で栄えた。また動橋駅から電車で片山津温泉や山代温泉に連絡する交通の要衝でもあった。振橋神社のぐず焼き祭りが有名。

橋本酒造
一七六〇年創業。大日盛、十代目などの銘柄がある。加賀市動橋町。

認めてもいいだろう。といって、動橋イコール丸八であってはならない。ミセからマチへ。清酒の香りと棒茶の香り。大日盛の吟醸香の再生を期待してのことである。そして私はふと思う。喫茶文化のまちというものがあるとすれば、どんなシナリオになるだろうか。それも抹茶・煎茶ではなく、焙茶だけの街道があるとすれば。

それに関連するショップやギャラリーがあってよい。加賀は九谷焼のまちなのだから。橋立港が近いから、美味しい海幸を提供する飲食店があってもいいだろう。そこのお茶漬けは旨いに決まっている。丸八の焙茶を使っているのだから。

これは、私のスケッチブックの中の夢物語にすぎない。しかし、何度も動橋のまちを歩いてきたから、ひょっとするとやれそうな気がしてくる。小さなまちの元気な家業の存在は大きい。棒茶の香りが動橋の香りになって欲しいものである。誠慶さんがプレゼンテーションする春夏秋冬のテイストが、住民と旅人の交感を呼ぶストリートになって。

第七章　家業とまちづくりと

金沢・近江町市場

甲斐絹座

甲府の友人の案内で、富士吉田市の甲斐絹の工房をまわった。洋傘、ネクタイ、座布団、スカーフなどを専門とする五人の若手事業者に会って説明を聞く。彼らの仕事場は、住宅と隣接していて、外からはわからない。現在でも五〇〇近い事業所があるにもかかわらず、ここが織場の町とは思えない。織機の音がしないのだ。分業システムが確立しているから、音のする仕事は他に任せていて、織機は家々の奥で稼働しているのだった。

私は布の見本帳と糸のストックに圧倒される。それは流行の歴史である。生活の証言である。ネクタイや座布団の一万点をこえる見本の一部に触れてみるだけで、気持ちが安らいでゆく。古いものがいいというだけではない。布は生きているからだと思う。明治・大正・昭和そして平成を生きてゆくスクラップブックの中の布切れたちは、この町の音をつつみ込んで、静かに休眠している。また時代

甲斐絹（かいき）
山梨県郡内地域で羽織の裏地として使われた高級絹織物。江戸時代から昭和初期にかけて盛んに生産されたが、一九四〇年代に姿を消した。しかし、伝統技術は受け継がれ、郡内地域は高級織物産地として知られている。

の色と形として、目覚める日を待っているのである。

前文は二〇〇二年（平成十四）の丸八製茶場の広報誌『動橋』第三十六号の編集後記に書いたものである。その年に研究会を立ち上げ、二〇〇九年（平成二十一）に株式会社甲斐絹座が設立された。事情があって一人は抜けたが、資本金四〇〇万円の新法人は現在、国内外で注目されるブランドになった。

二〇一五年（平成二十七）八月、私は高木竜・真利子夫妻を同行して、久しぶりに甲斐絹座のメンバーの工房をめぐり、夜は歓談の場を楽しんできた。最初に出会ったころの元気のない表情は何処に行ったのか。で、私はそのとき、彼らに何を話したのか。しっかり覚えていないのだが、「絹ならば蚕からやれよ」ではなかったか。

先染織物の産地として、海外一流ブランドの下請工場みたいな土壌に自立の経営風土が創造されつつある。そこに金沢産のＴＳＵＤＡＫＯＭＡの織機が現役で働いていたことが、私には格別にうれしかった。それだけは、忘れてはいないのである。

甲斐絹座
甲斐絹を復活させようと、富士吉田市と西桂町の傘、座布団、ストール、ネクタイを製造する四社が二〇〇九年に設立。精錬、織り、製品化、市場づくりまで、甲斐絹の伝統を広める活動を展開する。「羽ばたく中小企業・小規模事業者三〇〇社」に選定されている。

津田駒工業
一九〇九年創業の繊維機械、工作機械用アタッチメントの専門メーカー。国内の織機でトップシェア、高速自動織機の生産は世界トップシェアを占める。金沢市野町。

由布院の風

由布院温泉といえば、まちづくりの先進地として知られる。数多くのメディアに登場するから、その現状がそのまま由布院の広報活動に直結しているのだが、表と裏に優れたリーダーが二人いる運動は強いと思う。亀の井別荘の中谷健太郎さん、玉の湯の溝口薫平さんである。それぞれの著作も貴重なドキュメントであり、まちづくり運動のバイブルとしてよく読まれている。

いうまでもない。温泉宿は家業の典型である。県外から進出する土産物屋が軒を並べて、由布院観光の陰の部分のように非難されることもあるが、これは避けられないことである。金沢も似たような問題をかかえている。いずれにしろ、先へ、先へと新しい主題を設計し、問題を解決していく情熱には、由布院の底力を痛感する。

その政策の一つ一つを紹介すると、何冊もの本が必要となってくる。それが外向けではなく、内向きの資料になっていく。まちづくりは記録されることによって継承され、かつ、その主体の家業の役割を明確にしていくのである。

まちづくり運動で知り合った人たちの中に、観光カリスマ（観光庁・二〇〇二〜二〇〇五年で一〇〇人選定）に認定された人がいる。前述の溝口薫平さんや、黒壁スクエアを領導した長浜市の笹原司朗さんである。

しかし、その役割はともかく、いかにもカリスマめいた人物の顔を思い出して苦笑することがある。ときには元気という病気のカリスマもいるのだ。わが町よりわが社を優先する傾向がある人だ。あのカリスマがいなければ、事態はもっとよく進展したであろうにと思うことがあるからだが、これは私の僻目かもしれない。

もっとも、プロジェクトの構想・開発期においては、力量・人格ともに優れたカリスマの存在はありがたいものである。その上で、私はリーダーの時代と思う。どんなリーダーを育てるかによって、まちづくりの命運は決まりそうだ。家業にも同じことがいえる。カリスマが何代も続くようでは、危険でしかないことは断言できる。

黒壁スクエア
一九〇〇年に建てられた第百三十銀行長浜支店の建造物保存のため、長浜市と民間企業が出資し、一九八八年に第三セクターを設立。ガラス文化を追求し、北国街道沿いにショップや工房、ギャラリー、レストランなどが古い町並みの中に点在する。年間二〇〇万人の観光客が訪れる。

奥能登の試行

「清酒の大吟醸が一升瓶で三万円するならば、一升で三万円の米をつくれないのか」。という檄を飛ばしていたころがある。三十代の修業時代であった。村里の聴衆は唖然とした。

あれから四十数年。米こそ、ブランドを競い合う高級商品の位置に立つ。凝りに凝ったネーミング、パッケージにもユニークなものがあって、何種類かが並ぶと、キャラクターによるお国自慢になる。そして、市場は海外へ。日本産の農作物は戦略商品である。清酒もそうだが、国産ワインやウイスキーが本場ヨーロッパで愛飲される時代が来ている。

あのときの私の話を虚言としなかった一人の役場職員がいた。高市範幸さんである。彼は辞職し、旧柳田村の山の中に「夢一輪館」という蕎麦屋を開いた。電気も水道もない場所で、彼の覚悟の深さを知った。柳田農業高校（現能登高校）の出身だから農耕は得意というものの、まさにゼロからの出発であった。その後、夢一輪館は奥能登の名所となったけれど、あの日、彼は土を変えると風が変わることを直感したのだ。

柳田村
能登半島で唯一海がない内陸の村であったが、二〇〇五年に合併し、鳳珠郡能登町となった。

夢一輪館
能登の古民家を移築した山の中の一軒家の蕎麦屋。近隣の山菜やきのこ、自家製野菜を使用し、すべて能登づくしが自慢。独自に商品開発したブルーベリーワインや燻製豆腐なども販売。鳳至郡能登町字当目。

四年ほど前から毎月一回、輪島市の谷川醸造の若い夫婦と会議をするようになった。先代までは「菊天女」という清酒のブランドで知られたが、現在は醤油・味噌の生産を中核事業とする。

先々代のころの蔵の前に荷馬車が並ぶ写真を見ると、力のあった蔵元の威容を感じる。会議室に展示されているキリンビールの美人モデルのキャンペーンポスターに、大正・昭和の香りがした。

現社長の谷川貴昭さんは、清酒の再生を断念した。苦しい決断であったと思われる。二人は小さな瓶詰めの醤油を開発し、少量だが各地の谷川ファンに届けている。キャッチフレーズは「糀を未来の食卓へ」。ホームページや栞のキャラクターは二人の子供たちであり、家族総出のブランディングである。

奥能登を辺境とみるか、先端とみるか。近年は、首都圏からの移住者も増えつつあるようだが、谷川さんの若いスタッフの一人は東京出身。大学の卒業論文のフィールドワークで歩いた輪島に魅かれて、谷川醸造のキーパーソンとなっている。

谷川醸造
一九〇四年、酒造業を始める。大正時代には醤油・味噌の製造、昭和には焼酎やビールの特約店と拡大。二〇〇〇年に事業を縮小し、醤油・味噌を主とする。奥能登の味として親しまれている「サクラ醤油」のほか、醪から仕込んだ醤油など。輪島市釜屋谷町。

工房経営

石川県は「工芸王国」といわれる。それは各種のデータで証明される。たとえば人間国宝については、人口一〇〇万人あたり全国一位（二〇一七年一月一日現在）、日本伝統工芸展入選者数は十六年連続全国一位（二〇一六年）である（「統計から見るいしかわの文化」より）。しかし、工芸の生産される経営空間は、零細なものである。

大企業の大工場から大量に生産され大量に販売されるモノの価値によって、現代生活の豊かさが維持されていることは認めなければならない。一方で、大・中・小の小に属する工房から、もう一つのモノの価値が生まれる。私はモノを「製品・商品・作品」に区分する。優劣の話ではない。それぞれの役割のことである。

われわれの日常生活に必要なモノの大方は製品や商品であり、作品ではないだろう。だが、作品のない生活も貧しい。何をもって作品とするかを決めることも問われるが、それらに日常的に触れることができる空間があるまちには、「文化の花」というべきものが咲いている。

その工房の話をしよう。家業といっても陶芸や漆芸などの工房は、本書で取り上げた事業体と性格を異にするといってよい。あえていえば、「家業の中の家業」かもしれない。金沢市を代表する大樋焼の当代は、十一代大樋長左衛門。小松市の九谷焼の徳田八十吉の当代は、四代目で女性である。

私の旧友の加賀市の陶芸家のYさんと、輪島市の漆芸家のSさんは、いわゆる創業者だが、その息子さんが、それぞれ父親を師匠・親方とする道に入った。二人は大学卒業後、九谷焼技術研修所・輪島漆芸技術研究所を経て、家業を継いだ。いうなれば二代目として成長していくのである。工芸の盛んな石川県では、このような例はどの分野にも見られるが、果たして先代をこえる作家になりうるかどうか。という意味では、一般の家業より厳しい道であろう。

そして彼／彼女たちの生産現場に提案したいことは、プロデューサーの養成である。マネジメントの確立である。これは私の杞憂にすぎないかもしれないが、工芸の工房にこそ、経営学がなければならない。

大樋焼
加賀藩主五代前田綱紀が京都から裏千家四世仙叟宗室を招いた際に、茶碗師として同道していたのが初代大樋長左衛門である。その後金沢に移り住み、良質な陶土を大樋村で見つけたことから、大樋焼と呼ばれることとなった。

石川県立九谷焼技術研修所
一九八四年設立。九谷焼の振興を図るため、陶芸に関する理論と技術、技能を修め将来の九谷焼を担う優れた人材と産業界に即応できる技能者を養成するとともに、デザインの商品開発と研究指導を行う。七五〇名を超える卒業生・修了生を送り出している。

石川県立輪島漆芸技術研修所
一九六七年設立。重要無形文化財保持者の技術伝承者養成と、それに関連する漆芸技術の保存育成、調査研究、資料収集等の事業を行う。そ地（木工）、きゅう漆（うるし塗り）、蒔絵、沈金の普通研修課程（三年）と、基礎技術の修得のための特別研修課程（二年・未経験者対象）がある。

喫煙文化

文明や文化という二文字について、今もってきちんと解答を出せない。知ったつもりで話を進めるしかない。互いに知ったかぶりで面倒が生じないこともあるからだが、言葉は時代とともに意味を変えていく。日本の愛酒家にとって禁酒法は成立しないと思うけれど、愛煙家にはどうか。愛煙家という存在それ自体が絶滅においやられていく危険を感じないでもない。とりあえずは、税収獲得のターゲットとして生き残ってはいるが、十年先はどうであろうか。

愛煙家の一人として、日増しに肩身が狭くなっていくが、私は喫煙の道具と景色の中に隠れていく。東京スカイツリーの近くにある「たばこと塩の博物館」に出かけなくとも、私の喫煙文化は書棚にあふれているからである。たとえば浮世絵に関する蔵書の中に。

それに、事務所の近くの一軒の煙草屋が健在で、世界のタバコ七〇〇銘柄のパッケージを眺めているだけで楽しい。さて、この店は一九三〇年創業の家業のようだが、百年後も健在であって欲しいものである。二十数年前、私はその店でパイプを買ったことがあるけれど、使うのではなく、持っているだけで嬉しいのであった。

近江町市場

北陸新幹線開業以降、もっとも変化したことの一つは、外国人を含めて、観光客が増大したことである。インバウンドは、アジア・欧米・オセアニアの伸びが高く、その後の金沢観光にいろいろな影響を与えていく。宿泊であり、飲食であり、交通であり、案内であり、ともかく異文化交流にともなう基本的な条件の整備に追い回される状況に入っている。

これはいいことである。当該地の食文化や、方言の発見という言葉の問題も含めて、グローバル・コミュニケーションのあり方が問われるからである。

そして、何よりも家業の生産・販売の場所が、名所旧跡と等しく、観光のルートになっていくことである。そこで何が、どのように作られているかを見ることは、そのまちを知る第一歩といえるからである。

その意味で、金沢市民の食卓文化を知るには、近江町市場である。しかし、商店街マップを開いてみると、飲食店の多いのに驚くばかりだ。いや、今さら驚いている方がおかしい。想定外にふくれあがった観光客に適切なサービスをするには、この方法が一番手っ取り早いというわけである。ついでに土産品も買えるのだから。

市場に食堂はつきものである。私は旅の楽しみとして、港町を訪ねると、漁港にある食堂に入ることにしている。早朝の仕事を終えた漁師たちの酒の景に酔えるからである。

しかし、近江町市場の変化は異常というべきではないか。「鮮魚と青果」の近江町、何よりも「市民の台所」としての近江町は、どこに行ったのか？行こうとしているのか？

これは過渡期現象であって欲しいが、実は、飲食業に関わらず、数多くの店舗を見ていると、大方は家業なのである。地場の経営者ではないところもあるけれど、近江町市場が小劇場から大劇場へ出世しているととらえていいのかもしれない。ただし、旬の魚介や果物や野菜が、品質・価格ともに健全であるならば。

無印の名刺

自分の生業は、いったい何か？　クリエーターという領分で、アレもコレもやる。雑学の徒にふさわしいのだが、一行で職業を表記できないことがもどかしい。コピーライター、エディター、プランナー、プロデューサー……。だから、私の名刺には、職種が印刷されていない。

注文に応じて、適時、カメレオンのごとくにというわけだが、そのプロデューサーにしても、主題によって多種多様である。といって、思想が変わったりするのではない。方法論はケースバイケースだが、プロジェクトを引き受けるコンセプトは曲げないようにしている。

問題は、そのコンセプトで、この言葉を使わないようにして二十数年にはなるか。社会学者・鶴見和子先生に止められたからであった。その理由は割愛するが、キーワードやキーフレーズを真剣に批判してもらえることは、うれしいことである。

名刺に戻ると、ある仕事に取り組んだとき、私の身体はある表情をし

鶴見和子（つるみ　かずこ）
一九一八〜二〇〇六年。社会学者。上智大学名誉教授。プリンストン大学で社会学博士号を取得。国際関係論などを講じたが、専攻は比較社会学。南方熊楠や柳田國男の研究、地域住民の手による発展を論じた「内発的発展論」などでも知られる。毎日出版文化賞、南方熊楠賞、朝日賞受賞。

ているであろうか。いくつものイベントのプロデュースをしてきたけれど、無印の名刺から、私がプロデューサーであることを感じてもらえたかどうか。

それで思うに、「代表取締役社長」と明記した名刺をもらうたびに、「この人物が……」といぶかしく感じることも多いのであった。とりわけ、まちづくり関連の事業体では、「？」が先立ってしまうのである。

野の心

窮地に陥ったときに、壮大な妄想を描けるかどうか。展望といってもよいが、とてもとても、そんな状況ではないというときにこそ、大きな野心を語れる人が好きである。むろん、めったにそんな人物に巡り会うわけではない。しかし、苦境にあるクライアントとの会議では、あえて明るすぎる未来のシナリオを語ることにしている。

嘘ではない。でも、まだ本気になれない目標を持つこと。それを私は「野の心」とする。野心と書くと品格が消えてしまうから、「の」を入れるのである。実際、そのようにして倒産寸前の家業が再生した例はけっして少なくはないけれど、後になって、なんであんな大法螺が吹けたのかな、と自分の言説に感動することがある。

やはり小心者なのだ。その程度のことを野の心といってはならない。かりに再生物語から真摯に学ぶことがあるとすれば、目標の大きさが経営者を鍛えるということであった。

それで、わが身を振り返ると、助手と二人だけの事務所にも経営の危機はあり、四十数年間、無事にやってこられたのは、クライアントの厚意があってのことである。しかし、突然、関係を切られ、慌てふためいたことが何度かあった。

その一例では、私には「これから」なのに、某社は「これまで」という意志決定をしたのであった。複雑な事情はともかく、戦略のちがいが明確になってしまったのである。それで、再会はありえないか。必ずしも、そうではない。私はそのような期間を互いに耐えて、新しい共同研究の場に立ったことがあった。そのことを、野の心の開花、すなわち思想が醗酵したととらえることにしている。

彫像の声

朝早くクライアントに出かけると、社是社訓を朗唱する風景に出会うことがある。私はその風景が嫌いではない。今日一日みんなでガンバローということだから、好ましいというべきである。

注目するのは、その言葉である。意図的に調べたわけではないから断定は避けるべきだが、似たような言葉が多いように思うのである。入試問題のように□□□に言葉を入れよ、というような気になってくる。○○○が定番だと予測がつくほどであり、そのほとんどが大衆紙に登場する常套句みたいなものだ。

社是社訓は、状況に応じて変える会社もあれば、創業以来、一言も変えない会社もあるだろう。その言葉について、つい文句をいいたいときもあるが、私は書き言葉ではなくて、話し言葉に打たれるのであった。朝の声はいい。昨日と同じ文章なのに、今日の自分の声に自信を持てたら、何とすばらしいことだろう。

その会社の社長室や会長室に入ると、曾祖父や祖父や父親の肖像画があったり、胸像があったりする。ときには写真の場合もあるが、そこには創業者がいる。この人物がいなければ、この事業はなかった。継承者は存在しなかった。と考えると厳粛な気分になるときがある。

いったい事業の継承とは何か。創業の理念が明文化されているときは、それが参考になるだろうが、口伝のようなものだったら、どうなっていくのか。

私は、三十年をメドに会社の歴史を小冊子にまとめるべきだと思うようになり、クライアントに提案することになる。それが五十年、百年という区切りの記念誌になるにしても、後々のために正確な事実を記録することの大事を思う。

社史は、地域史であり、生活史でもある。二代、三代、四代、五代。継承者それぞれの営為の重要さは、創業者に劣るものではない。ということを一番知っている人物こそ、創業者ではなかったか。私は胸像に向かって、聞いてみたいと思うのであった。

家業文明

クライアントとの会議のあと、大方は翌日に手紙を投函する。その会議で何が重要な課題であり、それにどのように対応したのかを、備忘録として、自分自身のノートとして書くのである。しかし、書いているうちに次の会議への提案のような内容に入っていくことがある。

定例会議だから、課題を持ち越しする場合もあり、あらためて検討する機会にもなって、この手紙は、私信でありながらレジュメや企画書のような役割を果たしている。

もう何十年も続けているけれど、続けるにはスタイルを決めた方がいい。私の場合は、原稿用紙二枚半、約一〇〇〇字である。その中に、季節の俳句を挿入する。本文にふさわしい名句を探すのに時間がかかるから、つねに何人かの俳人の句集を用意している。有季定型であれば旬のメッセージを届けることができる。去年の今頃の会議では何を届けたのかしら、と検索する楽しみもある。実は、その名句によって、駄文は救われているのだった。

物理化学者で俳人であった和田悟朗さんに『俳句文明』（二〇〇三年・邑書林）という随想集がある。文明とは？　文化とは？　と和田さんも悩んだらしいことが、このタイトルとなった最後の文章に書かれている。その中に、おもしろい分類があるので紹介しよう。

芸術系とは、アナログ系・忘却系・総合系・個人系・自然系・文化系・発見系・右脳系・刹那系・混沌系・虚系。

技術系とは、デジタル系・記憶系・分析系・集団系・人為系・文明系・発明系・左脳系・永劫系・秩序系・実系。

この対比に共感できる部分もあるにちがいない。それで、私は「俳句文明」という表現に虚をつかれた。言葉とは危険なものである。ならば「家業文明」というのはどうか。本書のタイトルを「家業という文明装置」にすべきではなかろうかと。この方がモヤモヤしたものがスッキリする気がしないでもない。

さて、和田さんの一文は、「文化としての俳句への志向が大切だ。」として終わっているのだ。

和田悟朗（わだ ごろう）
一九二三〜二〇一五年。兵庫県出身の俳人、物理化学者。大阪大学理学部卒業。奈良女子大学名誉教授。阪神大震災で自宅が全壊。句集『風車』で読売文学賞受賞など。

三つの言葉

私は物事をとらえるとき、三つの言葉でアプローチすることを流儀としている。前記の「製品・商品・作品」と同じように、「空間・時間・人間」などと。そして私が常用するのが「血縁・地縁・知縁」である。血と地と知の三つをどのようにつなげていくのかという問題意識から出ているキーワードであり、家業の経営にもっとも適合されるものであろう。

血族が経営陣を構成し、地域の人びとが社員となる。それに加えて、知的なネットワークをつくっている環境が会社であろう。むろん、組織活動に限定されるわけではない。われわれは、個人的にもこの三つの領域で人びとと交流を重ねて、自分の生活の基盤としているのである。

私は当初、この三つを発展過程として発表したが、現在は混合・融合する状態ととらえている。血は地に流れ、知にも流れている。優位の序列ではなく、むしろ循環の構造であろうか。あるいは血筋という一本の思想を重視すべきであろうか？

それと関連するが、三十数年前、ある大企業のＰＲ誌の取材を受けたとき、突然、「死民・私民・市民」という言葉が出た。このときはまちづくりの市民運動の主体がテーマであったため、このような構成となった。これではPR誌の読者から批判が出るから使わないように提案したのだが、度胸のある発行人は、そのまま掲載したのであった。そして、意外にもこのキーワードは好評でしたと担当の編集者から連絡をもらったのである。

私のいいたいことは、「市民運動の市民とは何か?」ということに尽きている。これは家業にもいえることで、金沢という優れたブランドやイメージを活用するのはいいことだが、悲しいかな、しばしばそのモノやサービスが及第点以下の場合がある。

私が、家業は地域文化の創造主体であるというのは、その金沢のイメージをさらに高める事業体のことである。でなければ、市民税とちがった形で、都市のブランド・ロイヤリティに対して何パーセントかを支払うべきであろう。家業は市民でなければならない。

十七文字の戦略

なぜか、と問われると「うーん」となってしまうのに、自分の中では解決していることがある。いざ、その説明に入ると言葉が続かない状態はもどかしい。苦しい。厳しい。といって、曖昧な返事もしたくない。迷惑をかけることにもなりかねないから。

そういう持論の一つに、「抹茶は短歌系、焙茶は俳句系」というのがある。前者は貴族派、後者は庶民派というのではない。三十一文字と十七文字の切れ味のちがいがそうさせるとしかいいようがない。私自身は、歌集や句集、そして詩集を蔵書の中で最高位にあるものとしている。

それで、これも説明がつかないのだが、賢明な経営者は韻文系・短詩系のような気がしてならない。単刀直入に「問題の発見は？」「主題の設計は？」と問うている。企画書は俳句系で、挨拶文は短歌系で、というのはどうであろうか。焙茶で醒めて、抹茶で酔う、ということにもなるが、自分に合った一服の意味を考えてみるのもいいようだ。

私の友人に、年頭の所感を届けてくれる経営者がいる。彼は年に二度、つまり夏季にも所感を書いているが、年末年始は、トップメッセージが社内に飛び交う時季であろう。仕事納め・仕事始め。いずれにしろ、簡潔な言葉で総括と展望が表現される。

そのとき、俳句をたしなむ経営者であれば、芭蕉・蕪村・一茶から一句を選ぶことになるかもしれない。また、自作の一句を披露するかもしれない。私は虚子である。あまりにも有名で気が引けるが、「去年今年貫く棒の如きもの」（一九五〇年作）。去年今年は新年の季語。

さて、この棒の如きものとは何か？　花鳥諷詠の写生の文芸を説いた虚子のこの句は、私は経営者の年始所感に最高の言葉ではないかと思う。大結社「ホトトギス」の指導者であったがゆえに生まれたとも思えるからである。理念・信条として、この棒という表現は見事ではなかろうか。

隠居の思想

家業とは？　という問いに、即、「オーナーシップじゃないの」と答えたのは福光松太郎さんだった。その後、取材を重ねていくと、不室昭さんからも同じ答えが返ってきた。

事業に成功はないが、失敗はある。そして消滅していくブランドは、家業にも多いのである。自分の采配で失敗し、そこから次のチャンスを引き出す経営者は、おのずから責任感や倫理観が深い。万一は、けっして想定外のことではない。その万一を避けるために挑戦が続くのである。それを判断する材料がある。まちづくり運動だ。

その主題にもよるけれど、一般論として、まちづくりに積極的ではない経営者に不信感を持つ。自分の事業が存在する土壌に対して投資をしないからである。そして、ものづくりに真剣な経営者ほど、まちづくりにも精力的である。ブランドの根拠地を大事にしないで、オーナーシップとは何であろうか。

さて、超高齢化社会に入り、社長の年齢も高くなるのかと思ったが、むしろ低下していく。変化の激しい時代に対応する感性が問われるからである。といって、会社の規模にもよるが、早々と会長になっても社内に仕事があるとは思えない。社員にとって、会長(父親)・社長(息子)の二人の存在は、ややこしいことにもなりかねない。

これは提案である。会長になったら、まちづくりに専心すること。事業経営で培ったさまざまな知恵やネットワークを、地域社会に放出すること。現代の「隠居の思想」は、ここにありはしないか。もちろん、自分の多彩な趣味に遊ぶ人びとがいてもいいし、老いの花という生き方を見たいものである。美術・工芸・文学・芸能など、金沢は表現活動に恵まれたまちだから。

本書では、佃一成さん、不室昭さんの活動の一端を紹介したけれど、その社会活動から社内活動へ新しい息吹が流れていく。家業は、二つの働きがうまくいって健康体なのである。

入学と卒業と入社

家業の継承者には、大学を卒業後、ある会社に就職し、数年を経て自社に帰ってくるケースがある。その間は、本業に関連する技術を習得するというよりは、ビジネスマンとしての心構えのようなものを大事にしているようである。

むろん、業態によって、一人前の技術を覚えるための厳しい修業期間でもあるから、どこに就職するかは重要な選択肢になってくる。いずれにしろ、卒業があり入社があり、退社があり入社があるわけである。そして、自社の環境の中で、一つ一つの階梯を昇っていく。飛び級が多いのは、家業の宿業であるし、それで悪しき問題が生じるとも思えないのである。

私自身は、社長就任は若ければ若いほどいいとしたい。私の関わったある温泉旅館では二十五歳の社長誕生であったが、現在、見事に成果を上げている。自慢話をしているのではない。自明の人事は早い方がいいとしかいいようがない。それに耐える、応えることができなければ、何年待っても、結果は同じであろうと確信している。

一店の銀座

四、五十代のころ、中心商店街の活性化というテーマで、各地へ講演の旅に出たものである。現在でもこの問題で苦心しているまちはあるだろうし、「商店とは何か？」「街とは何か？」という回答は、そう簡単には出ないものである。ましてや「中心とは何か？」となると。

刻々とその中心が変貌している時代なのだ。むしろ周辺や辺境こそが、ある領域の中心を形成しているではないか。金沢の現状がそのことを証明している。かつての二つの中心が、郊外へ。すなわち、県庁は海のまちへ、大学は山のまちへ。

私は、いわゆる「シャッター通り」を歩きながら考える。あるいは、シャッターが開いた通りを歩きながら考える。後者より前者でよかったのではないか、と。安易な活性化計画では、再びシャッター通りになる予感がするからである。

それで、シャッター通りをよく見ていくと、数店舗が離れ離れの場で商売をしているのだが、意外にも繁盛しているのだ。つまり、その店舗のヒトとモノとコトに求心力と遠心力がある。そんな一店に、私のアドバイスで立ち直った時計店もあるが、変革期や転換期には、一店の銀座からである。多勢に巻き込まれてはならない。辛抱強く、自立の思想を追求すべきなのだ。

雑木林

金箔生産九九パーセントのまちで、県都が金沢だから金の文字から逃れられない。食との関係でいえば、「ここにも金箔が入っている！」という具合で、少しやりすぎではないかとさえ思う。

観光客の急増した界隈を「金メッキ通り」と揶揄するけれど、金箔工芸品の善し悪しは、買い手の眼が決めること。作り手も売り手も必死ならば、買い手にもそれが求められるのだ。

ところで、金から連想する純志向があれば、雑志向があってもいいように思うのだ。雑談・雑貨・雑記・雑音・雑用・雑種・雑魚・雑誌・雑学……。雑巾・雑兵・雑木・雑煮……。

「ざつ」は「ぞう」にもなるが、いずれにしても雑は好まれるよりは嫌われるイメージに近くなるかもしれない。しかし、アイデアの「宝の山」は、こうした雑事の中に隠されていると思う。

表通りが純通りならば、裏通りは雑通りか。まち歩きの快楽は、横道・

脇道に入って、まちの雑菌めいたオドロオドロシイものを発見するところにある。私はそれを総称して「雑木林の思想」と考えているのであった。

家業さがし

「ふるさとは遠きにありて思ふもの」。近現代詩の中で愛誦されている詩集として特記すべきは室生犀星の『抒情小曲集』（一九一八年）であろう。で、このふるさととは何か？　という難儀な話は別にして、いろんな意味での「ふるさと回帰現象」が見られる。にもかかわらず、東京一極集中の傾向は止まらない。

ただし、その東京においても下町の家業に陽が差してきたようである。量ではなく質として。超高層ビルを誇示する大企業が支配する場所から離れて、創作する多様な小劇場が生まれていく。

地方都市はどうか。学生時代は東京で、就職はふるさとで。あるいは定年後、また、それ以前に都会から地方へと移住する人たち。福光松太郎さんがその事例を話してくれたが、一流企業の「一流」ということの価値が問われてきたのだ。それを保証する根拠は自分の内心にしかなくなったともいえようか。

これは家業についてもいえることだが、イキガイやヤリガイを求めて、第二、第三のふるさとと企業、私の家業さがしが始まっている。職業の場だけでなく、生活の場としての。同時に、若い世代に起業家精神が芽ばえているのはうれしいことである。小さな町工場・里工房に賭ける青春が、全国各地に登場しているのだから。

数値幻想

まちづくりの手法として常套化したのがイベントである。イベントとは何か。私は「カミなき祭り」とするが、定義はともかく、オリジナリティのない真似事が流行する。この数年でいえば、芸術祭やマラソンであろう。それを批判することは許されない状況ともいえる。市民の多くが参加する事業に何の問題があろうか、というわけだ。

そして、そこでは参加者の数値が絶対価値となる。失敗も成功も、この数値が決めるから、プロジェクトは大衆迎合主義になっていく。拡大するためのあの手この手が登場する。ボランティアもまた、数値によって評価される。

私の先師は、美術館に行く楽しみは常設展示の作品を静かにゆっくり鑑賞することにある、と言った。特別企画展となれば、それだけで数十倍の群衆が押しかけるからだ。たしかに、その期間でなければ観ることができないのだから仕方がないのかもしれない。それで、あなたは何を観て帰るのであろうか。群衆も作品であったということはないだろうか。

不易と流行

概念設計を生業とすると、言葉をいじくり回すことがある。原稿用紙の枡目をはみ出す大きな文字で、不易と書いて土、流行と書いて風。さらに、土は思想、風は技術と書いた日が懐かしい。金沢風土研究会のころであった。

一般解として、風は変わり、土は変わらない。事業経営には変えてはならないもの、変えるべきものがある、という試論から生まれたキーワードで、われわれは「風土のマーケティング」と規定した。

問題は、そこからである。土が烈しく動く時代に入っていた。同時に、自然もというと、わかりやすいだろうか。経営空間に不動の思想（戦略）があり、状況に対応して技術（戦術）を改善・改良すればよいという次元は終わっていたのである。

福光松太郎さんの「伝統は革新の連続」「革新は失敗の連続」という言葉が実にリアルにその間の事情を伝えている。さて、土はもう一度、変えるべきなのか？　という真摯な自問に向き合うべきではないか。予測しがたい強風に煽られながら。

風土の大学

かつて取材の中で「リストラするならば経営者から」と言ったのは福光博さんであった。正論である。産業構造の変化を見通せなかった責任は、何よりも経営陣にある。リストラを断行し、その成果を評価する気運もあるが、滑稽というべきであろう。

雇用関係には、その企業の文化風土が表れる。早い話、経営陣の思想・哲学である。各種の不祥事もしかり。スーパーゼネコンの談合問題は、その象徴であろう。日本企業の負の遺産は、次から次へと露見してくるのだが、その解決に確信を持つ人は少ないにちがいない。私は、オーナーシップに関わることであると思う。

巨大組織には「主体が不在」である。不要となっていくのである。ブランドを構築する「人間が不在」ということ。中小零細企業、すなわち家業の経営者の責任のとり方を見よ。社員への信頼と情愛の深さを見よ。福光博さんが現状を見ることができたら、どう言ったであろうか。

一方で、産学連携が地方都市においても急速に拡大していることは好ましい。「学都金沢」を標榜するには、学生と市民の交流が前提であり、具体的なカリキュラムを考えると、産業界との結合が自然なことであろう。その内容に検討すべき問題があるにしろ、インターンシップが盛んになる理由である。

学生を迎える企業サイドに立ってみると、私は、経営者イコール教育者と断言したい。家業の妙味は、ここに凝集されるといいたいところである。「制度の大学」に対して「風土の大学」。家業の現場を知ってもらうことがリクルートの決め手であればあるほど、その経営者の言動が問われる。

各種のメディアが発達して、当該企業の情報収集は簡単にできるようになった。発信する側も、そのメッセージに細心の注意を払っている。しかし、究極は、経営者の、その日、その時、その場の肉声がすべてであるように思われる。

異人の眼

まちが活性化している状態を考えてみると、人びとの性格が三つに区分できるように思われる。「定住者・回流者・漂泊者」。過密・過疎の問題も、この言葉をみることによってリアルになるだろう。

定住者が支配的なまちは沈滞する。閉鎖的な環境であり、新しい風が入ってこないからである。近年の傾向として、漂泊者や回流者から移住者に転移する人びとも出てきた。好ましい状況と受けとめる。

ただし、彼／彼女たちが十年・二十年・三十年後もそのまちにいるかどうか。これは是非の問題ではなく、移住者は平和の中の移民として、回流者や漂泊者へと変貌するかもしれない。しかし、家業にとっての新しい人材の発見の機会として、積極的に経営戦略に取り入れるべきであろう。

そこには、おのずから外国人も入ってくる。むしろ、異人の眼にかなう家業でなければならない時代かもしれない。そして、異人とは、外国人とは限らない。重要なことは、異端の発想を受け入れることなのだ。

その異人が注視するコースに酒蔵見学がある。日本人よりも欧米人の方が真剣で熱心と聞いたけれど、ワイン・ビール・ウイスキーなどを愛飲する人びとが清酒の誕生する蔵の中へ入っていくには、難しい理由はないように思われる。蔵人やスタッフの案内にもよるだろうが、醸造空間には言語空間をこえるものがある。醸造に関するいくつかのキーワードで対話が成立するであろう。あとは「乾杯！」あるのみ。

清酒は、「日本人の日本人による日本人のための」という次元ではない。

すでに外国人が杜氏になる時代である。一方、日本人がワインの本場へ修業に出ていく。ここでも家業の役割が注目される。それらの交流は小さな空間でこそ濃密になるわけで、場合によって生活をともにする必要も生まれるから、家業を通して、お互いのまちの文化の総体が視えてくるはずである。

まちの文化遺産

美術館・図書館・文学館、あるいは大学のキャンパスなどは、まちの文化を表象するものであろう。たとえば「古書店」にそのまちの文化のレベルが集約されるといわれたが、情報革命によって変貌することが多くなってきた。

私有空間であるのに、その風景が公的な役割を持つことがある。すなわち、まちの風景を創るものに、私は家業の本社・本店があると思っている。創業が藩政時代まで遡る老舗だけではなくて、明治・大正・昭和・平成の近現代史を刻む家業は、そのまちの文化遺産である。この遺産は、未来に向かって拓かれている。経営主体は交替するけれど、また状況によって本社・工場の改装・移転ということにもなるが、それは別にして、五十年、百年、その場所を動かないとき、まちの物語の一つの舞台として機能しているだろう。

そして重要なことは、そこは経営空間であるから、つねに動いていることである。とりわけものづくりの会社においては。モノ・ヒト・コトがからみあって、独自の環境をつくりあげている。旅人がJR金沢駅や繁華街のデパートで買えるモノを、わざわざ本店に求める気持ちはよくわかるではないか。近年は、さらにその関心が深くなり、モノの生まれる場所をのぞいてみたくなる。たとえば酒蔵や醤油蔵はもちろん、菓子工房や工芸工房の見学が観光の眼目になっていることが、よくその事情を表している。

あとがき

　この冬は大雪になった。いわゆる「三八豪雪」（一九六三年）を体験しているから、この程度の雪は怖くないと思っていたのに、身体の方がこたえた。雪道を歩くのに難儀したのである。そして、すべってころんで、近所の整形外科のお世話になった。

　しかし、積雪に文句はいえない。冬青空と白一色の景色は美しい。早朝の歩道を最初に歩くのは、官能的ですらあると思う。雪が降らなくて困ってしまったフードピア金沢のプロデューサー時代のことを思い出しながら、机に向かっていた。この一年、体調が思わしくなかったこともあって、草稿に手を入れることが多くなってしまったが、企画段階から協力を得た福光松太郎さんに激励をもらって、書き上げることができた。

　その福光さんの取材から、意外な言葉が飛び出してきた。入社した女性が面接のときに、「どこにでも売っていて、自分でも買える、ありふれたモノをつくっている会社に入りたい」と言ったのである。この「ありふれた」の解釈は微妙になるが、日常の暮らしに溶け込んだモノとしたい。本書に登場してもらった家業の成果物はすべて、そのありふれたモノである。「衣食住」の食の領域にあるモノであり、そのモノやサービスをつくり出す背景や土壌についての言葉をまとめた。

私の問題意識は、何代も続く事業の秘訣のようなものを嗅ぎ出すことにあった。私自身がその経営活動に参画してきた家業もあり、あの時の判断は正しかったのか、という自省に苛まれることもあった。しかし、各社の現状を見るにつけ、互いに交感した言葉は生きていると確信したのである。その一つが、「家業は地域の文化装置」ということであり、まちづくりの主体は家業にあるということなのだ。

本書の取材・編集にあたって、私の主宰する研究会で知り合った坂下有紀さんの協力に感謝したい。坂下さんは昨年、フリーランサーの道に入った。ある日、「つきといと」コミュニケーション・ディレクターという名刺をつくってきたけれど、クリエーターの世界も変貌したことを痛感する。彼女と話していると、新しい仕事の領域が生まれていることがよくわかる。本書が彼女の船出を祝う一本になって欲しいものだ。

画家で装幀も手がける右澤康之さんと美学出版の黒田結花さんにもお世話になった。二人は金沢から東京に出て約二十年。その力量が評価されつつあり、ふがいない先輩としては、うれしいに尽きる。いや、妬ましいと言った方がいいようだ。

それから、事務所のパートナー・松村信子さんにお礼を言わねばならない。長く鬱状態にある私の介護(?)を含めて、本書を仕上げまで持っていくことができたのは、彼女の強靱な持久力にほかならない。忍耐力の欠如が失敗を招いてしまうことの多い私だが、あらためて、ありがとうの一言を記しておきたい。

出島二郎

二〇一八年三月二十五日　犀川畔の桜樹の下へ

著者

出島二郎（でじま じろう）

プロデューサー

一九四四年生まれ。石川県内灘町出身。「フードピア金沢」（金沢市）、「能登国際テント村」（七尾市）、「北近江秀吉博覧会」（長浜市）、「湖国21世紀記念事業」（滋賀県）、「江・浅井三姉妹博覧会」（長浜市）などに参画。金沢、七尾、長浜などで家業の勉強会を開催、また加賀市のアドバイザーを務めるなど、まちづくりと地域企業のマーケティング戦略に取り組む。研究テーマは「家業の継承と再生」である。

著書に、『福正宗物語』（編著・福光屋）、『鶴見和子の世界』（共著・藤原書店）、『祭りとイベント』（共著・小学館）、『木の家の物語』（編著・ニューハウス工業）、『長浜物語 ――町衆と黒壁の十五年』『その後の長浜 2003〜2012』（NPO法人まちづくり役場）、『地域の遺伝子をみがく』（共著・蒼天社出版）、『他と異なることを怖るるなかれ ――奥村善久博士の軌跡を読む』（編著・金沢工業大学）、『泉屋利吉の教育思想』（金沢工大学園同窓会こぶし会）、『明石合銅物語 1946〜2008』（編著・明石合銅）、『加賀棒茶の誕生 ――戦略転換のシナリオ』（丸八製茶場）、『森の中へ・七尾自動車学校』（七尾自動車教習所）などがある。

また私家版として、『金沢徘徊記』『続金沢徘徊記』『金沢百八景』（福梅文庫）、詩集『老年』『内灘』、句集『少年』『野々市』『長靴』（水母座叢書）など。

現在、『文藝春秋』に「KITキャンパスレポート」を連載中。

出島二郎事務所主宰。金沢工業大学非常勤研究員、（財）何必館・京都現代美術館理事。

家業という文化装置　金沢で考えること視えること

二〇一八年四月二十五日　初版第一刷発行

著　者――出島二郎

発行所――美学出版
〒一六四―〇〇一一　東京都中野区中央二―四―二　第二豊明ビル二〇一
電話〇三（五九三七）五四六六　www.bigaku-shuppan.jp

装　幀――右澤康之

印刷・製本――創栄図書印刷株式会社

ISBN978-4-902078-50-3　C0030